成语接龙

北京市海淀区高级教师编写组　编著
张　云　主编

中国工人出版社

图书在版编目（CIP）数据

成语接龙/张云主编．—北京：中国工人出版社，2009．5
ISBN 978－7－5008－4418－1

Ⅰ．成…　Ⅱ．张…　Ⅲ．汉语—成语—通俗读物　Ⅳ．H136．3－49

中国版本图书馆 CIP 数据核字（2009）第 065350 号

出版发行：中国工人出版社
地　　址：北京鼓楼外大街 45 号
邮　　编：100011
电　　话：（010）62350006（总编室）
　　　　　（010）62379038（编辑室）
发行热线：（010）62045450　62005042（传真）
网　　址：http：//www．wp－china．com
经　　销：新华书店
印　　刷：北京市密东印刷有限公司
版　　次：2009 年 5 月第 1 版　2012 年 7 月第 4 次印刷
开　　本：880 毫米×1230 毫米　1/32
字　　数：210 千字
印　　张：9．375
定　　价：16．80 元

目　录

初级班

第 1 课

第 2 课

第 3 课

第 4 课

第 5 课

第 6 课

第 7 课

第 8 课

第 9 课

第 10 课

第 11 课

第 12 课

第 13 课

第 14 课

第 15 课

第 16 课

第 17 课

第 18 课

第 19 课

第 26 课

第 27 课

第 28 课

第 29 课

第 30 课

第 31 课

第 32 课

第 33 课

第 34 课

第 35 课

中级班

第 1 课

第 2 课

第 3 课

第 4 课

第 5 课

第 6 课

第 7 课

第 8 课

第 9 课

第 10 课

第 11 课

第 12 课

第 13 课

第 14 课

第 15 课

第 16 课

第 17 课

第 18 课

第 19 课

第 20 课

第 21 课

第 22 课

第 23 课

第 24 课

第 29 课

第 30 课

高级班

第 1 课

第 2 课

第 3 课

第 4 课

第 5 课

第 6 课

第 10 课

第 11 课

第 12 课

第 13 课

第 14 课

第 15 课

第 16 课

第 17 课

初级班

第1课 胸有成竹

胸有成竹－竹柏异心－心安理得－得一望十
十拿九稳－稳扎稳打－打抱不平－平淡无奇
奇货可居－居重驭轻－轻薄无知－知人善任
任重道远－远交近攻－攻城略地－地北天南 →

【释义】

胸有成竹 原指画竹子要在心里有一幅竹子的形象。比喻做事前已有成熟的计划。

竹柏异心 比喻志向不合或表象不同。

心安理得 自以为做的事情合乎道理，心里很坦然。

得一望十 得到一分，又巴望得到十分。形容十分贪婪。

十拿九稳 比喻很有把握，十分可靠。

稳扎稳打 步步设营，采取稳妥的战法打击敌人。也比喻有把握按步骤地开展工作。

打抱不平 遇见不公平的事，挺身而出，帮助受欺负的一方。

平淡无奇 奇：特殊的。指事物或诗文平平常常，没有吸引人的地方。

奇货可居 指把少有的货物囤积起来，等待高价出售。也比喻拿某种专长或独占的东西作为资本，等待时机，以捞取名利地位。

居重驭轻 处于重要地位而且力量强大，可控制下属。

轻薄无知 指轻佻浮薄，没有知识。

知人善任 善于认识人的品德和才能，最合理地使用。熟知各人的能力，分别委以胜任的职务。

任重道远 任：负担；道：路途。担子很重，路很远。比喻责任重大，要经历长期的奋斗。

远交近攻 先和距离远的国家交朋友，进攻邻近的国家。本是战国时范雎为秦国采用的一种外交策略，秦国用它达到了并吞六国、建立统一王朝的目的。后亦指待人、处世的一种手段。

攻城略地 略：掠夺。攻打城市，掠夺土地。

地北天南 指四处，到处。

【典故】

胸有成竹

北宋时期，有一个著名的画家，名叫文同，他是当时画竹子的高手。

由于文同长年累月地对竹子作了细微的观察和研究，竹子在春夏秋冬四季的形状有什么变化；在阴晴雨雪天，竹子的颜色、姿势又有什么两样；在强烈的阳光照耀下和在明净的月光映照下，竹子又有什么不同；不同的竹子，又有哪些不同的样子，他都摸得一清二楚。所以画起竹子来，根本用不着画草图。

有个名叫晁补之的人，称赞文同说：文同画竹，早已胸有成竹了。

后来，“胸有成竹”就成了一句成语，用来比喻人们在办什么事情以前，早就打好了主意，心里有个准谱儿了。

第2课 南北东西

→ 南北东西－西除东荡－荡产倾家－家破人亡
亡不待夕－夕寐宵兴－兴不由己－己饥己溺
溺爱不明－明日黄花－花甲之年－年届花甲
甲坚兵利－利傍倚刀－刀笔贾竖－竖起脊梁 →

【释义】

南北东西 指四方、到处、各地或方向；也指到处漂泊，行踪不定。

西除东荡 到处征剿。形容身经百战。

荡产倾家 指丧失全部家产。

家破人亡 家遭毁灭，亲人死亡。形容家庭惨遭不幸。

亡不待夕 亡：灭亡，死亡；待：等待；夕：傍晚。灭亡等不到傍晚。比喻很快就会灭亡。

夕寐宵兴 晚睡早起。形容勤奋不息。同“夙兴夜寐”。

兴不由己 指正在兴头上，对自己的言行控制不住。

己饥己溺 原指见人饥饿或溺水，如同身受。后喻关怀百姓疾苦，或于他人之苦深表同情，以消除之为己任，常用此语。

溺爱不明 十分宠爱。形容对子孙或晚辈过分宠爱，看不到他们的缺点。

明日黄花 明日：指重阳节后；黄花：菊花。原指重阳节过后逐渐萎谢的菊花。后多比喻已失去新闻价值的报道或已失去应时作用的事物。

花甲之年 敬辞，称老人的年龄，多指60岁以上。

年届花甲 花甲：用干支纪年，指60岁。年纪已到60岁。

甲坚兵利 坚固的铠甲和锋利的兵器。泛指武器、军备雄厚。

利傍倚刀 倚：靠着。“利”的偏旁是刀字，意指追求私利犹如倚在刀口上。比喻贪利常得祸。

刀笔贾竖 刀笔：古人在竹简上写字，错了用刀削去重写；贾竖：相当于“小子”。是对刀笔吏的蔑称。

竖起脊梁 比喻振作精神。

【典故】

己饥己溺

传说上古时代，有一个以善于耕种而闻名的人，名叫稷，也叫后稷。那时正是唐尧当政。尧任命稷为“农师”，叫他推行农业。

据说稷从小就喜爱农事，常把野生的麦子、谷子、大豆、高粱以及瓜果的种子收集起来，种在地里。成人以后，对于农业更是非常专心，还利用木材和石片，制造了一些简单的农具。他担任“农师”的时候，亲自参加劳动和指导耕种，并大力普及耕种知识，传授耕种方法，做出了出色的成绩。后来虞舜继承唐尧为领袖，任命他继续管理农业。人们十分爱戴他，直到他死后多年，还把他奉为“谷神”，立祠祭祀。

另有传说，那时还有一人名叫禹。据说当时曾发生过一次大水灾，受灾几乎遍及全国，受灾时期前后连续了二十多年，人民苦不堪言。尧曾命鲧去治水，治了九年没有成功。舜继位后，又命鲧的儿子禹负责治水。禹奔走各地，发动群众，凿山开河，大兴水利，一面疏泄洪水，一面救济灾民，经过了13年的艰苦奋斗，才克服了这场空前绝后的大水灾。人们崇敬他，称他为大禹、禹王爷，也立了禹王庙来纪念他。

到了战国时代，儒家的代表人物孟轲也称赞过稷和禹。在《孟子·离娄篇》中说："禹思天下有溺者，由己溺之也；稷思天下有饥者，由己饥之也；是以如是其急也。"这几句话的意思是说："禹认为天下有人溺在水里，是由于自己的任务没有完成，因此害得他们溺在水里的；稷认为天下有人在挨饿，是由于自己的工作没有做好，因此害得他们挨饿。他们能够把群众遭受的苦难看做是由于自己没有尽到责任所致，所以他们自觉地感到这样的着急。"

这种"急人之所急"的精神，在古语中即"人溺己溺，人饥己饥"，也叫"己饥己溺"。

第3课 梁孟相敬

梁孟相敬－敬布腹心－心安神定－定国安邦
邦家之光－光被四表－表里不一－一鞍一马
马不解鞍－鞍马劳顿－顿兵坚城－城北徐公
公不离婆－婆娑起舞－舞笔弄文－文笔流畅

【释义】

梁孟相敬 原指东汉时期梁鸿与妻子孟光相互敬爱。后泛指夫妇相敬。

敬布腹心 敬：恭敬；布：阐述、表述；腹心：比喻诚意，至诚的话。旧时表示恭敬谨慎地陈述自己内心深处的话。

心安神定 心态安然神志淡定，形容一种平和的处世心态。

定国安邦 邦：泛指国家。使国家安定巩固。

邦家之光 邦：诸侯国；家：大夫的封地。指国家的光荣。

光被四表 被：加于，及于；四表：四周很远的地方。形容盛德善行远播四方。

表里不一 表面与内在不一样。

一鞍一马 比喻一夫一妻。

马不解鞍 比喻一刻也不停留，毫不间歇。

鞍马劳顿 骑马赶路过久，劳累疲困。形容旅途或战斗的劳累。

顿兵坚城 在坚固的城池下面驻屯军队。

城北徐公 公：对尊长和平辈的敬称。原指战国时期齐国姓徐的美男子。作美男子之代称。

公不离婆 老公不离开老婆。形容关系密切。

婆娑起舞 形容优美的舞姿或轻薄物盘旋而落。

舞笔弄文 指舞文弄墨。舞：玩弄。形容玩弄文字技巧。也指歪曲法律条文作弊。

文笔流畅 意思是说一个人的写作技术已经到达了炉火纯青的地步了，写起作文来一点也不费力气，非常地通顺，就像水流一样。

【典故】

城北徐公

战国时，齐国有一位士大夫名叫邹忌，人长得英俊。一天早晨，他穿好朝服，戴好帽子，对着镜子端详一番，然后问他的妻子说：

"我和城北徐公比较起来，谁长得英俊？"

"你英俊多了，徐公怎么比得上你呢。"妻子说。

徐公是齐国出名的美男子。邹忌听了妻子的话，并不太敢相信自己真的比徐公英俊，于是他又去问他的爱妾，爱妾回答说："徐公怎能比得上你呢。"

第二天，邹忌家中来了一位客人，邹忌又问了客人，客人说："徐公没有你这么俊美！"

过了些日子，正巧徐公到邹忌家拜访，邹忌便乘机仔细地打量徐公。结果，他发现自己实在没有徐公漂亮。于是，他想："妻子说我英俊，是因为偏爱我；爱妾说我英俊，是因为惧怕我；客人说我英俊，是因为有求于我。"

第4课 畅叫扬疾

畅叫扬疾－疾病相扶－扶颠持危－危邦不入
入幕之宾－宾至如归－归之若流－流水无情
情急智生－生老病死－死于非命－命薄相穷
穷大失居－居停主人－人百其身－身非木石

【释义】

畅叫扬疾 指大吵大闹。“畅叫”即“唱叫”，吵闹之意。“扬疾”犹嚷唧，亦吵闹之意。

疾病相扶 有病的互相扶助。指患难时互相关心帮助。

扶颠持危 颠：倒，倾倒；持：握，把握。指能够挽回颠危的局面。

危邦不入 “危邦不入，乱邦不居”这句话出自《论语·泰伯》。意思是说将要发生暴乱的地方就不要去了，已经发生暴乱的地方就不要在那里居住了。

入幕之宾 幕：帐幕；宾：客人。比喻关系亲近的人或参与机密的人。

宾至如归 宾：来宾，客人；至：到；归：回家。客人来到这里就如同回到自己家里一样。形容招待客人热情周到，来客感到满意。

归之若流 归附好似流水之汇流大海。比喻人心所向。

流水无情 流水一去不复返，毫无情意。比喻时光消逝，无意停留。

情急智生 情况急迫时，突然想出应付的办法。

生老病死 佛教指人的四苦，即出生、衰老、生病、死亡。今泛指生活中生育、养老、医疗、殡葬。

死于非命 非命：横死。在意外的灾祸中死亡。

命薄相穷 命薄：命运不好，没有福分；相：长相。生来命运不好，没有福分，一副穷相。

穷大失居 穷：极大，很；居：处所。形容多而不适用。

居停主人 居停：寄居之处。寄居之处的主人。指房东。

人百其身 百其身，自身死一百次。别人愿死一百次来换取死者的复生。表示对死者极沉痛的悼念之情。

身非木石 指自身并不是毫无感情的人。

【典故】

宾至如归

子产，即公孙侨，是春秋时郑国的大夫，曾当过多年国相，执掌郑国政权。

公元前542年，子产奉郑简公之命出访晋国，带去许多礼物。当时，正遇上鲁襄公逝世，晋平公借口为鲁国国丧致哀，没有迎接郑国使者。子产就命令随行的人员，把晋国宾馆的围墙拆掉，然后赶进车马，安放物品。

晋平公得知这一消息，吃了一惊，派大夫士文伯到宾馆责问子产。士文伯说："我国是诸侯的盟主，来朝觐的诸侯官员很多为了防止盗贼，保障来宾安全，特意修建了这所宾馆，筑起厚厚的围墙。现在你们把围墙拆了，其他诸侯来宾的安全怎么办呢？我国国君想知道你们拆围墙的意图是什么。"

子产回答说："我们郑国是小国，需要向大国进献贡品。这一次我们带了从本国搜罗来的财产前来朝会，偏偏遇上你们的国君没有空，既见不到，也不知道进见日期。

我听说过去晋文公做盟主的时候，自己住的宫室是低小的，接待诸侯的宾馆却造得又高又大。宾客到达的时候，样样事情有人照应，能很快献上礼品。他和宾客休戚与共，你不懂的，他给予教导，你有困难，他给予帮助。宾客来到这里就像回到自己家里一样。可是，现在晋国铜鞮山的宫室有好几里地面，而让诸侯宾客住的却是奴隶住的屋子。门口进不去车子，接见又没有确切的日期。我们不能翻墙进去，如果不拆掉围墙，让这些礼物日晒夜露，就是我们的罪过了。如果让我们交了礼物，我们愿意修好围墙再回去。”

士文伯把情况报告了晋平公，平公感到惭愧，马上接见子产，隆重宴请，给了丰厚的回赠，并下令重新建造宾馆。

第5课 石心木肠

石心木肠－肠肥脑满－满不在意－意出望外
外方内圆－圆颅方趾－趾高气扬－扬眉吐气
气象万千－千真万确－确固不拔－拔本塞源
源清流清－清廉正直－直言取祸－祸从天降

【释义】

石心木肠 石、木都是硬物，形容坚定不动摇。

肠肥脑满 肠肥：指身体胖，肚子大；脑满：指肥头大耳。形容饱食终日的剥削者大腹便便，肥胖丑陋的形象。

满不在意 全然不放在心上，不当一回事。

意出望外 出乎意料之外。

外方内圆 外方：外表有棱角，刚直；内圆：内心无棱角，圆滑。指人的外表正直，而内心圆滑。

圆颅方趾 颅：头颅；趾：脚。方脚圆头。指人类。

趾高气扬 趾高：走路时脚抬得很高；气扬：意气扬扬。走路时脚抬得很高，神气十足。形容骄傲自满，得意忘形的样子。

扬眉吐气 扬起眉头，吐出怨气。形容摆脱了长期受压迫状态后高兴痛快的样子。

气象万千 气象：情景。形容景象或事物壮丽而多变化。

千真万确 形容情况非常确实。

确固不拔 刚强坚决，不可动摇。同“确乎不拔”。

拔本塞源 本：根本，根源。拔出树根，塞住水的源头。比喻毁坏根本。

源清流清 源头的水清，下游的水自然就清。比喻因果相连，事物的本原好，其发展和结局也就好；或领导贤明，其下属也廉洁。源，也作原。亦作“源清流洁”、“源清流净”。

清廉正直 清白廉洁，为人正直不阿。

直言取祸 直：坦率、直爽；取：取得，引申为招致。指说话直率的人会惹祸。

祸从天降 降：落下。比喻突然遭到了意外的灾祸。

【典故】

趾高气扬

公元前701年春，楚国掌管军政的莫敖屈瑕，率军在郧国的城邑蒲骚（今应城西北）与郧、随、蓼等诸侯国的联军作战。由于对方盟国众多，气势盛大，屈瑕甚为恐慌。于是，他准备请求楚王增派军队。将军斗廉反对这样做，斗廉认为，敌方盟国虽多，但人心不齐，斗志不坚，只要打败郧国，整个盟国就会分崩离析。他建议集中兵力迅速攻破蒲骚。屈瑕采纳了斗廉的建议，猛攻蒲骚，大获全胜。这就是有名的“蒲骚之战”。

但是，屈瑕并无自知之明，把别人的功劳都算在自己的身上。因而骄傲起来，自以为是常胜将军，从此任何敌人都不放在眼里。

过了两年，楚王又派屈瑕率军去攻罗国。出师那天，屈瑕全身披挂，向送行的官员告别，然后登上华美的战车，威风凛凛地扬长而去。

送行的大夫斗廉返回时对驭手说：“屈瑕这次出征要吃败仗的！你看他那副趾高气扬的样子，还能冷静地、正确地指挥作战吗?”

斗廉越想越感不妥，就吩咐驭手驾车到王宫，求见楚王。他建议楚王给屈瑕增加军队，但楚王没答应。

屈瑕到了前线，更加不可一世，竟然下令军中“敢谏者处于极刑”。武断专横到了极点。

楚军来到罗国都城时，对方早就整军待战。屈瑕毫不在意。命部队随地驻扎，一点也不做戒备。

罗军联合卢禴（今襄樊市西南）的军队猛烈攻击。楚军马上溃散，死伤惨重。屈瑕乘着一辆战车，狼狈而逃。出征时那种趾高气扬的样子早已不见了。

屈瑕逃到楚国境内一个叫荒谷的地方，发现只剩孤身一人，好不悲伤，自缢而亡。

第6课 降志辱身

降志辱身－身名俱泰－泰阿倒持－持螯把酒
酒病花愁－愁肠殢酒－酒池肉林－林寒洞肃
肃然起敬－敬陈管见－见鞍思马－马不停蹄
蹄间三寻－寻弊索瑕－瑕不掩瑜－瑜百瑕一

【释义】

降志辱身 降低志向，辱没身份。谓与世俗同流合污。

身名俱泰 名誉、地位都安稳。形容生活舒泰。

泰阿倒持 倒拿着剑，把剑柄给别人。比喻把大权交给别人，自己反受其害。

持螯把酒 形容秋季吃蟹饮酒之乐。

酒病花愁 指因贪恋酒色而引起的烦愁。

愁肠殢酒 愁肠：愁闷的心肠；殢：困扰。心肠愁闷的人容易病酒。

酒池肉林 古代传说，殷纣以酒为池，以肉为林，为长夜之饮。原指荒淫腐化、极端奢侈的生活，后也形容酒肉极多。

林寒洞肃 寒：寒冷；肃：肃杀。形容秋冬时林木萧疏，溪涧浅落的景象。

肃然起敬 肃然：恭敬的样子；起敬：产生敬佩的心情。指由于受感动而产生恭敬和钦佩之情。

敬陈管见 敬陈：恭敬地陈述；管见：从管子里观看东西，所见极小，指浅陋的见解。毕恭毕敬地阐明自己浅陋的见解或建议。多用于自谦词。

见鞍思马 看到马鞍想起马。比喻触类相思，看见死去或离别的人留下的东西就想起了这个人。

马不停蹄 比喻不停顿地向前走。

蹄间三寻 指马奔走时，前后蹄间一跃而过三寻。形容马奔跑得快。

寻弊索瑕 犹言吹毛求疵。比喻故意挑剔别人的缺点，寻找差错。

瑕不掩瑜 瑕：玉上面的斑点，比喻缺点；掩：遮盖；瑜：美玉的光泽，比喻优点。比喻缺点掩盖不了优点，缺点是次要的，优点是主要的。

瑜百瑕一 瑜，玉的光彩；瑕，玉的毛病。比喻优点多而缺点少。

【典故】

酒池肉林

在中国很早的时候，有一个商朝，到了它快灭亡的时候，有很多是一味追求玩乐不顾百姓死活的国王。其中最典型的就是最后一个国王，叫纣，他是一个非常好色好酒的人，经常将酒倒在修好的池子里，称为酒池；让人把肉挂起来，形成用肉做的树林。然后让他手下的俊男美女脱光了衣服，在酒池旁喝酒，在肉林中相互追着去取乐，整夜不睡觉地玩乐。所以后来人们忍受不下去了，起来反对他，商朝在他的手中灭亡了。

后人常用“酒池肉林”形容生活奢侈，纵欲无度。

第7课 一臂之力

一臂之力－力不从心－心有灵犀一点通
通幽洞灵－灵丹妙药－药到病除－除暴安良
良辰吉日－日薄桑榆－榆次之辱－辱国丧师
师不宿饱－饱谙经史－史不绝书－书不尽意

【释义】

一臂之力 臂：胳膊。指一部分力量或不大的力量。表示从旁帮一点忙。

力不从心 心里想做，可是力量够不上。

心有灵犀一点通 比喻恋爱着的男女双方心心相印。现多比喻双方对彼此的心思都能心领神会。

通幽洞灵 通晓、洞察幽冥灵异之事。

灵丹妙药 丹：颗粒状的中药丸；灵丹：灵验；妙：指有特殊效力。灵验有效的仙丹，非常灵验能治百病的奇药。比喻能解决一切问题的好办法。

药到病除 吃了药，病马上就好了。形容治病者医术高明，用药恰到好处。

除暴安良 除：铲除，去除。铲除强暴，安抚善良的人民。

良辰吉日 良：好；辰：时日；吉：吉利。美好的时辰，吉利的日子。后常用以称宜于成亲的日子。

日薄桑榆 犹日薄西山。比喻老年的时光。

榆次之辱 用以指无故受辱之典。

辱国丧师 指国家蒙受耻辱，军队遭到损失。

师不宿饱 意思是士兵们很难安饱。

饱谙经史 饱谙：深知，极其熟悉。熟知经书史籍。形容学问渊博。

史不绝书 书：指记载。史书上不断有记载。过去经常发生这样的事情。

书不尽意 指文辞难充分达意。后多作书信结尾习惯用语。

【典故】

心有灵犀一点通

唐代李商隐的《无题》："昨夜星辰昨夜风，画楼西畔桂堂东。身无彩凤双飞翼，心有灵犀一点通。隔座送钩春酒暖，分曹射覆蜡灯红。嗟余听鼓应官去，走马兰台类转蓬。"

典故出自宋代宋祁的《鹧鸪天》："画毂雕鞍狭路逢。一声肠断绣帘中。身无彩凤双飞翼，心有灵犀一点通。金作屋，玉为笼。车如流水马游龙。刘郎已恨蓬山远，更隔蓬山几万重。"宋祁为北宋名士，风流才俊。他因与其兄宋庠同举进士，因而被称为小宋。

这一天，繁华的街上，车水马龙，百姓立于两旁观望着，宋祁也置身于人流中。金色的垂帐，朱红的轿帘，皇家车队浩浩荡荡的大气派，引得路人惊叹不已。

"这是小宋呀！"忽然，宋祁听见宫车中有这样一声惊呼，他望了过去，那绣帘微挑的车内露出了一双弯似新月的眼睛，峨眉淡扫入鬓。他们的目光触碰了，她望着他微笑着，只是车队渐行渐远，那目光洒了一地，终于消逝了。

那一夜，宋祁无法入眠了，那双眼睛总在他脑海中闪烁，挥之不去。他披衣而起，任月光染得素笺苍白。他提笔写道：画毂雕鞍狭路逢，一声肠断绣帘中，身无彩凤双飞翼，心有灵犀一点通。金作屋，玉为栊。车如流水马如龙。刘郎已恨蓬山远，更隔蓬山几万重。

这首《鹧鸪天》词不久就在社会上传开了，后来传到了宋仁宗的耳里。宋仁宗叫来了那日随行的宫女，询问在车窗前呼叫“小宋”的是谁。见宫女们战战兢兢，犹恐触怒了皇帝的样子，那宫女站了出来，低声说道：“不久前宫中举行宴会，见到皇上宣召翰林学士，左右官宦都称他小宋，便记下了。那日我坐在车上，偶然碰到翰林学士，便喊叫了一声。”

宋仁宗只微微一笑，并没有处罚她。第二天，宋仁宗把宋祁召进宫来，淡淡地对他讲了这件事，望着惊愕的宋祁，宋仁宗笑着说：“蓬莱仙境也不是很遥远啊!”当即把那名宫女赐给了他。

第8课　意出象外

意出象外－外感内伤－伤财劳众－众川赴海
海波不惊－惊弓之鸟－鸟尽弓藏－藏龙卧虎
虎踞龙盘－盘根错节－节哀顺变－变本加厉
厉兵秣马－马尘不及－及第成名－名标青史

【释义】

意出象外　指暗含着的意思超出表面以外。

外感内伤　①中医谓外感风邪，内有郁积而致病。②比喻内外煎迫。

伤财劳众　伤：耗费；劳：病。既使人劳苦，又浪费钱财。

众川赴海　众多的河流都奔赴大海。比喻众多的力量汇集在一起。

海波不惊　海面平静，不起波浪。比喻平安无事。

惊弓之鸟　被弓箭吓怕了的鸟不容易安定。比喻经过惊吓的人碰到一点动静就非常害怕。

鸟尽弓藏　鸟没有了，弓也就藏起来不用了。比喻事情成功之后，把曾经出过力的人一脚踢开。

藏龙卧虎　指隐藏着未被发现的人才，也指隐藏不露的人才。

虎踞龙盘　形容地势雄伟险要。

盘根错节　盘：盘曲；错：交错；节：枝节。树木的根枝盘旋交错。比喻事情纷难复杂。

节哀顺变　抑制哀伤，顺应变故。用来慰唁死者家属的话。

变本加厉　厉：猛烈。指比原来更加发展。现指情况变得比本来更加严重。

厉兵秣马 磨好兵器，喂好马。形容准备战斗。

马尘不及 比喻赶不上，跟不上。

及第成名 及第：科举时代考试中选。通过考试并得到功名。

名标青史 标：写明；青史：古代在竹简上记事，因称史书。把姓名事迹记载在历史书籍上。形容功业巨大，永垂不朽。

【典故】

惊弓之鸟

战国时期，有个杰出的弓箭手，叫做更羸。他的射箭本领在当时可称是举世无双。有一天，他和魏王并肩站着，天空中忽然飞过一群鸿雁。更羸很自信地对魏王说："我可以用弓声就把飞鸟给打下来。"魏王很怀疑。正在那时，一只孤雁很低很慢地飞过。鸣声凄惨。更羸见了，就张着弓，扣着弦，砰的一声，直入云霄。那孤雁果然应声落地。魏王惊叹之余，不明白这是怎么回事。更羸解释说："那孤雁飞得低且慢，因为它已经受过伤；它鸣叫的声音悲而哀，因为它离了群。身伤心碎，使它心跳加速，两翼无力，体重失去平衡，正如人们吃饭时，突然听见雷声，筷子落地的情况一样自然而平常。"

后人根据上面的故事，作成了"惊弓之鸟"这个成语，形容先前多次受过惊吓的人，忽然遇到同样可怕的事物，就吓得魂飞魄散，惊慌失措，不知如何去应付新的环境。

第9课 史无前例

史无前例－例行公事－事不师古－古貌古心
心谤腹非－非同小可－可有可无－无补于事
事半功倍－倍称之息－息交绝游－游目骋怀
怀恨在心－心粗胆大－大显身手－手不释卷

【释义】

史无前例 史：历史；前例：历史上曾经出现的先例。历史上从来没有过的先例。

例行公事 按照惯例办理的公事。现在多指刻板的形式主义的工作，贬义。

事不师古 形容做事不遵守古训。

古貌古心 形容外表和内心具有古人的风度。

心谤腹非 口里不说，心里谴责。指暗地里反对。

非同小可 指情况严重或事情重要，不能轻视。

可有可无 可以有，也可以没有。指有没有都无关紧要。

无补于事 补：益处，裨益。对事情没有什么益处。

事半功倍 指做事得法，因而费力小，收效大。

倍称之息 照原数加倍的利息。指高利贷。

息交绝游 屏绝交游活动。隐居。

游目骋怀 游目：远眺；骋怀：放开胸怀，往远处想。纵目四望，开阔心胸。

怀恨在心 把怨恨藏在心里。形容对人记下仇恨，以伺机报复。

心粗胆大 心地粗疏，胆子很大。形容野心勃勃，肆无忌惮。亦作“心粗胆壮”。

大显身手 显：表露，表现；身手：指本领。充分显示出本领和才能。

手不释卷 释：放开；卷：书本。书本不离手。形容勤奋好学。

【典故】

手不释卷

三国时，吕蒙是吴国的大将。

一次，他点兵3万，用船80余只袭击荆州。水手一律身着白衣，大批精兵埋伏在船舱里。黑夜，船到当阳江边，烽火台的汉兵厉声盘问。吴军诈称是商船，要求靠岸避风，汉兵信以为真。约至二更，船上吴军突然袭击，占据了烽火台。随后，吕蒙带兵长驱直入，轻取荆州。

吕蒙作战勇猛，平时却不肯读书。孙权劝道：“你读点历史和兵法，用兵更高明。”孙权又道，“汉先武帝从前行伍出身，却‘手不释卷’。”从此，吕蒙勤勉自学，受益匪浅。

第10课 卷帙浩繁

卷帙浩繁－繁征博引－引车卖浆－浆酒霍肉
肉薄骨并－并行不悖－悖逆不轨－轨物范世
世代书香－香花供养－养家糊口－口出大言
言必有中－中风狂走－走肉行尸－尸骨未寒

【释义】

卷帙浩繁 卷帙：书籍或书籍的篇章。形容书籍很多或一部书的部头很大。

繁征博引 形容论证时大量引用多方面的资料作为证明。

引车卖浆 拉大车的，做小买卖的。指平民百姓。

浆酒霍肉 把酒肉当做水浆、豆叶一样。形容饮食的奢侈。

肉薄骨并 肉和肉相迫，骨和骨相并。形容战斗的激烈。

并行不悖 悖：违背，冲突。同时进行，不相冲突。

悖逆不轨 悖逆：违反正道，犯法作乱；不轨：不合法规。指违背正道，不守法规。

轨物范世 谓作事物的规范、世人的榜样。

世代书香 世世代代都是读书人家。

香花供养 供养：奉养。原为佛家语。指用香和花供养，是佛教的一种礼敬仪式。后比喻虔诚的敬礼。

养家糊口 维持一家人的生活。

口出大言 说大话。形容说话狂妄。

言必有中 中：正对上。指一说话就能说到点子上。

中风狂走 谓举止放纵，如患疯癫。

走肉行尸　比喻徒具形骸，没有灵魂的人。

尸骨未寒　寒：变冷。尸骨尚未冷透。指人刚死不久。

【典故】

引车卖浆

战国时魏国公子名无忌，即著名的信陵君。公子仁而下士，广罗豪杰义士，门客甚众。有一隐士侯嬴，年七十，为夷门的守门人。公子听说后，备厚礼相请，侯嬴却辞而不受。公子于是大会宾客，亲自随车驾迎请侯嬴。侯嬴穿戴着破衣破帽，让也不让，竟坐在公子的车座上，而公子在车下牵着马缰，毕恭毕敬。侯生又说要见一个卖肉的朋友，得从市场过。于是公子引入市，其礼贤下士之名更显著了。

公子到赵国去，听说赵国有两位隐士，一是毛公，混迹于赌徒之中；一是薛公，隐藏于一户卖浆人家。公子亲自步行前往寻访二人，甚为相得。连平原君都不理解魏公子的作为，说他“妄从博徒卖浆者游”。

车夫和卖浆的小贩皆为卑贱职业，后遂以“引车卖浆”为卑贱职业的代称，如鲁迅在《阿Q正传》中就将操贱业者或卑贱之人称为“引车卖浆者流”。

第11课　寒蝉僵鸟

寒蝉僵鸟－鸟面鹄形－形影不离－离本趣末
末路穷途－途穷日暮－暮楚朝秦－秦关百二
二八佳人－人才辈出－出榜安民－民胞物与
与人无争－争长竞短－短兵接战－战火纷飞

【释义】

寒蝉僵鸟　寒天的蝉和冻僵的鸟。比喻默不作声的人。

鸟面鹄形　形容由于饥饿而身体软弱，面容枯瘦。

形影不离　像形体和它的影子那样分不开。形容彼此关系亲密，经常在一起。

离本趣末　趣：通“趋”，趋向。丢掉根本，追逐末节。

末路穷途　穷途：处境困窘，无路可走。比喻处境极端困难。

途穷日暮　犹日暮途穷。日暮：天快黑；穷：尽、尽头；途穷：路走到了尽头。天已晚了，路已走到了尽头。比喻到了末日或衰亡的境地。也比喻到了无路可走的地步。

暮楚朝秦　①战国时期，秦楚两大强国对立，有些弱小国家时而事秦，时而事楚。后以之比喻反复无常或主意不定。②比喻事物的归属变幻不定。

秦关百二　由于地形优越，占据关中的人可以以少胜多。比喻地势险要。

二八佳人　二八：指十六岁；佳人：美女。十五六岁的美女。

人才辈出　辈出：一批一批地出现。形容有才能的人不断涌现。

出榜安民　榜：旧指官府的告示。贴出告示，安抚人民。
民胞物与　民为同胞，物为同类。泛指爱人和一切物类。
与人无争　不跟社会上的人发生争执。这是一种消极的回避矛盾的处世态度。
争长竞短　计较细小出入；竞争谁上谁下。
短兵接战　短兵：刀剑等短兵器；接：交战。指近距离搏斗。比喻面对面地进行激烈的斗争。
战火纷飞　形容战斗频繁、激烈。

【典故】

途穷日暮

春秋后期，荒淫的楚平王无耻地霸占了自己的儿媳，又听信太子的师傅费无忌的诬告，一面派人去杀太子，一面把太子的另一位师傅伍奢及他的长子伍尚杀掉。伍奢的次子伍子胥逃往宋国。

为了替父兄报仇，伍子胥历尽千辛万苦，从宋国逃奔到吴国。他决定借吴国的兵力去攻打楚国，同时帮助阖闾刺杀吴王僚，夺得王位。后来他同吴王率领大军进攻楚国，一直攻进楚国的都城郢（yǐng）。执政的楚昭王带着一部分大臣和将士，逃往随国（在今湖南随县南）去了。

进郢都的第二天，伍子胥劝阖闾把楚国的宗庙拆了。阖闾贪图楚国的地盘，听了伍子胥的话，便把宗庙拆了。但伍子胥仍不满足，又请求阖闾让他去挖楚平王的坟。阖闾认为伍子胥帮他攻楚立了大功，便允许了他的请求。

伍子胥找到了坟地，挖出了棺材，把楚平王的尸体挖了出来。伍子胥一见这尸体，便怒气冲天，抄起铜鞭，一气打了300下，连骨头也打折了，最后把脑袋砍了下来。

伍子胥鞭尸的事，被他先前的好朋友申包胥知道了。申包胥特地派人送了一封信给伍子胥。信中说：“你这样做太过分了。你曾经是楚平王的臣下，可是为了报私仇，竟连死人也不放过，真是太残忍了！”

伍子胥读信后，对来人说：“我因军务太忙，没有时间回信。请你代我谢谢申君，并告诉他：‘忠孝不能两全，我好比一个走远路的人，天快黑了，路途还很遥远，所以我只好做出这种违背常理的事！’”

第12课 飞必冲天

飞必冲天－天宝当年－年方弱冠－冠屦倒施
施不望报－报本反始－始料所及－及锋而试
试才录用－用兵如神－神闲气定－定乱扶衰
衰草寒烟－烟波钓徒－徒陈空文－文炳雕龙

【释义】

飞必冲天 鸟儿展翅一飞，直冲云霄。比喻平时没有特殊表现，一下做出了惊人的成绩。

天宝当年 天宝：唐玄宗年号（公元 742 ~ 756 年）。比喻当年的盛世。

年方弱冠 弱冠指男子 20 岁，也称加冠。指正当 20 岁的年纪。

冠屦倒施 比喻上下位置颠倒，尊卑不分。同“冠履倒易”。

施不望报 施：给予。给别人以恩惠，并不期望报答。

报本反始 报：报答；本：根源；反：回到；始：开始。指受恩思报，不忘所自。

始料所及 料：料想，估计；及：到。当初已经料想到的。

及锋而试 及：乘；锋：锋利，比喻士气高昂；试：试用。趁锋利的时候用它。原指乘士气高涨的时候使用军队，后比喻乘有利的时机行动。

试才录用 指根据他人的能力大小给予录用。

用兵如神 调兵遣将如同神人。形容善于指挥作战。

神闲气定 指神气悠闲安静。

定乱扶衰 定：平定；扶：帮助，扶持。平定祸乱，扶持衰弱。

衰草寒烟 衰草：衰败的野草；寒烟：空旷荒凉的原野上的雾气。比喻空旷偏僻，冷落荒凉。

烟波钓徒 烟波：水波渺茫，看远处有如烟雾笼罩；钓：钓鱼。古时指隐逸于渔的人。

徒陈空文 徒：仅仅，只是；陈：叙说，陈述。只讲空话，并不实行。

文炳雕龙 炳：形容有文采；雕龙：擅长写文章。文章写得很出色，极富文采。

【典故】

飞必冲天

春秋五霸之一的楚庄王，在历史上曾为楚国的发展建立过显赫的功业。可是在他登基的头3年内，却毫无建树，不理朝政，昼夜游戏，猜谜作乐，不听臣子的意见，并扬言：有敢进谏的，处以死刑。宫廷上下都十分着急，国家有这么个愚顽的国君怎么得了！

看到这种状况，有个叫成公贾的人决定冒死进宫规劝楚庄王。楚庄王对成公贾说：

“你知道，我是不准谁提意见的，你现在为什么不怕死来提意见呢？”

成公贾说：“我来，不是给你提意见的，我只是想来跟大王一起凑趣解闷，猜猜谜语玩。”

楚庄王说：“既然这样，那你说个谜我猜。”

成公贾说：“好哇。”于是他给楚庄王说了一个谜语：

“有一只大鸟，停留在南方的一座山上，整三年了，它不动、不飞、也不叫。大王您说，这是只什么鸟呢？”

楚庄王稍作思考，便胸有成竹地说：

“这只大鸟停在南方的大山上，整整3年没有动，目的是在坚定自己的思想和意志；它3年不飞，是在积蓄力量使自己羽翼丰满；它3年不叫，是在静观势态、体察民情，酝酿声威。这只鸟尽管三年来一直没飞，可是一旦展翅腾飞必将冲天直上；尽管它3年来一直不叫，可是一旦鸣叫起来，必定会声振四方，惊世骇俗。成公贾先生，你放心吧，你的用意，我已经猜中了。”

成公贾惊喜地点点头，欣然离去。

第二天，楚庄王上朝处理国事。他根据三年来的明察暗访、调查研究和对大臣们政绩的考察情况，提拔了5位忠诚能干的大臣，罢免了10个奸诈无能的大臣。楚庄王的决定和处事的魄力，使文武百官大为佩服，因此大家都十分高兴。楚国的老百姓也都奔走相告，庆幸有了一位贤君。

有大智慧的人并不急着表现自己，他们往往先蓄足了底蕴，成竹在胸，一旦时机成熟，便会一鸣惊人。

第13课 龙标夺归

龙标夺归－归根结底－底里深情－情不可却
却病延年－年丰时稔－稔恶藏奸－奸人之雄
雄飞突进－进退有度－度长絜大－大惊小怪
怪诞不经－经纶济世－世外桃源－源远流长

【释义】

龙标夺归 科举时代指状元及第。

归根结底 归结到根本上。

底里深情 事情的真实情况与缘由。

情不可却 碍于情面，不能推辞。

却病延年 指消除病痛，延长寿命。

年丰时稔 稔：庄稼成熟。年成好，庄稼大丰收。

稔恶藏奸 长期作恶，包藏祸心。

奸人之雄 奸人，虚伪狡诈的人；雄，魁首。本指混乱是非的辩士，后多指精于权术，才干可经乱世的野心家。

雄飞突进 形容奋力迅速向前。

进退有度 指前进、后退动作均合法度。

度长絜大 指比量长短大小。

大惊小怪 形容对没有什么了不起的的事情过分惊讶。

怪诞不经 怪诞：离奇古怪；不经：不合常理。指言语奇怪荒唐，不合常理。

经纶济世 经纶：整理丝缕，引申为处理国家大事；济世：救世。指具有治理国家，经世济民的才能。

世外桃源 原指与现实社会隔绝、生活安乐的理想境界。后也指环境幽静生活安逸的地方。借指一种空想的脱离现实斗争的美好世界。

源远流长 河流的源头很远，水流很长。常比喻历史悠久，根底深厚。

【典故】

世外桃源

陶渊明是东晋时的著名诗人。他写过一篇文章叫《桃花源记》。说有个打鱼的人划船去捕鱼，迷失了方向，正在着急，突然飘来一阵清香，抬头一看，原来两岸全是桃花。打鱼人沿着桃林前进，发现桃林的尽头有座小山。他停船上岸，进了山口，见那里有肥沃的田地、整齐的房屋；还有池塘、翠竹。人们来来往往，非常快乐。他的到来，惊动了周围的人，大家围上来问长问短。一些人还邀请他去家里做客。打鱼人从谈话中得知，秦朝末年，一些人为了躲避灾祸，带着妻子儿女逃到了这里，从此便与世隔绝了。

打鱼人离开时，一路上做了些标志，回家以后又把见到的情况报告给太守。太守派人随着打鱼人去寻找，可是找来找去，再也没有找到这个地方。

由陶渊明这篇文章，后来就产生了“世外桃源”这个成语。“世外”就是超出人世以外；“桃源”就是桃林的尽头。“世外桃源”是说在人世之外的极为美好的地方。

第14课 长驱直入

长驱直入－入不敷出－出尘不染－染苍染黄
黄尘清水－水碧山青－青出于蓝－蓝田出玉
玉惨花愁－愁肠百结－结不解缘－缘波讨源
源深流长－长安少年－年富力强－强奸民意

【释义】

长驱直入 驱：快跑；长驱：策马快跑；直入：径直进入。迅速向很远的目的地前进。形容进军迅猛顺利。用来表示军队以不可阻挡之势向前挺进，深入敌方心脏。

入不敷出 敷：够，足。收入不够支出的。

出尘不染 比喻身处污浊的环境而能保持纯洁的节操。

染苍染黄 苍：青色。比喻变化不定，反复无常。

黄尘清水 比喻变化迅速。

水碧山青 碧：青绿色。形容景色很美，艳丽如画。亦作“水绿山青”。

青出于蓝 又作“青出于蓝胜于蓝”。语出《荀子·劝学》：“青，取之于蓝而青于蓝；冰，水为之而寒于水。”青，是指靛青，即靛蓝；蓝是指蓝草——可以用于制作靛蓝染料的数种植物的统称，如菘蓝、蓼蓝、木蓝等。青从蓝草中提炼出来，但颜色比蓝草更深；冰是水凝结而成，但比水更冷。荀子用青与蓝、冰与水的关系来比喻学生如果能用功研究学问，坚持不懈地努力，就可以比他的老师更有成就。由于荀子这几句话形象深刻，通俗易懂，便为后人所常用，比喻学生胜过老师、后人胜过前人。

蓝田出玉 蓝田：地名，在陕西省。比喻名门出贤子弟。

玉惨花愁 形容女子忧愁的样子。

愁肠百结 形容极其忧愁、烦恼。

结不解缘 形容男女热恋，不能分开。也指两者有不可分开的缘分。

缘波讨源 缘波：顺着水流；讨源：探索源头。循着水流寻找源头。原比喻作文时由次要的写到主要的，最后点出主题。后比喻探讨事物的本末。

源深流长 源：河流的源头；流：流程。源头很深，水流很长。比喻历史悠久。

长安少年 旧指都城里豪奢轻狂的贵家子弟。

年富力强 年富：未来的年岁多。形容年纪轻，精力旺盛。

强奸民意 反动统治者把自己阴谋做的坏事硬说是人民的意愿。

【典故】

长 驱 直 入

公元219年，曹操为夺取战略要地荆州，与刘备在这一带酣战。刘备的大将关羽用重兵围住了襄阳，曹操的堂弟曹仁固守襄阳毗邻的樊城，处境相当困难。

曹操派大将徐晃率军去樊城解围。徐晃老谋善算，暂不将部队直接开到樊城，而在稍远之处驻扎下来，然后派人用暗箭把信射入樊城，与曹仁取得联系。正好曹操还在组织其他兵马增援，得知徐晃的行动非常赞同，要他等待各路兵马到齐，一并开向樊城。

当时，刘备一部分军队驻在离樊城不太远的偃城。徐晃带领一些军队来到偃城郊外，故意挖掘陷坑，似乎要截断偃城军队的退路。驻军中计，匆匆撤离偃城。于是徐晃轻而易举地取得了这座城池。

这时，曹操组织的十二路兵马已经赶到。于是徐晃和这些兵马会合起来，打算和曹仁内外夹击关羽。

关羽在围头和四冢两处地方驻有军队。徐晃表面上装出要进攻围头的样子，实际上亲率大军进攻四冢。等关羽发现徐晃主攻的方向时，为时已晚。匆匆赶到四冢的五千兵马很快被徐晃击败。接着徐晃率领部下，一直冲进了关羽对曹仁的包围圈中。关羽的将士不敌败走，襄阳、樊城终于解围。

徐晃的捷报传到曹操那里，曹操立即写了慰劳令，派人送到前方。令中写道：“我用兵三十多年，所知古代善于用兵的人中，没有一个人能像你那样长距离不停顿地策马快跑，一直往前，冲入敌人的包围圈中。”

第15课 意气相投

意气相投－投卵击石－石沉海底－底死谩生
生不逢时－时变是守－守常不变－变风改俗
俗不可医－医时救弊－弊车羸马－马齿加长
长才短驭－驭凤骖鹤－鹤背扬州－州官放火

【释义】

意气相投 意气：志趣性格；投：合得来。指志趣和性格相同的人，彼此投合。

投卵击石 比喻不自量力，自取失败。

石沉海底 石头沉到海底。比喻从此没有消息。

底死谩生 底：通“抵”。竭尽全力，想尽办法。

生不逢时 生下来没有遇到好时候。旧时指命运不好。

时变是守 顺应时势的变化，采取适当的措施。

守常不变 守：遵守；常：常规。按照常规不加改变。

变风改俗 指改变旧的风气和习俗。

俗不可医 俗气已深，不可救药。

医时救弊 匡正时政的弊病。

弊车羸马 破车瘦马。比喻处境贫穷。

马齿加长 马的牙齿有多少，就可以知道它的年龄有多大。比喻自己虚度年华，没有成就。

长才短驭 犹言大材小用。

驭凤骖鹤 驾凤骑鹤。传说中仙人多驾鹤升天，故用以比喻仙人或得道之士。

鹤背扬州 比喻利欲之心。

州官放火 出自“只许州官放火，不许百姓点灯”。允许当官的放火胡作非为，不允许老百姓点灯照明。比喻反动统治者能够胡作非为，老百姓的正当言行却受到种种限制。

【典故】

州官放火

北宋时，有个州的太守名田登，为人专制蛮横，因为他名“登”，所以不许州内的百姓在谈话时说到任何一个与“登”字同音的字。于是，只要是与“登”字同音的，都要其他字来代替。谁要是触犯了他这个忌讳，便要被加上“侮辱地方长官”的罪名，重则判刑，轻则挨板子。不少吏卒因为说到与“登”同音的字，都遭到鞭打。

一年一度的元宵佳节即将到来。依照以往的惯例，州城里都要放三天焰火，点三天花灯表示庆祝。州府衙门要提前贴出告示，让老百姓到时候前来观灯。可是这次，却让出告示的官员感到左右为难。怎么写呢？用上“灯”字，要触犯太守；不用“灯”字，意思又表达不明白。想了好久，写告示的小官员只能把“灯”字改成“火”字。这样，告示上就写成了“本州照例放火三日”。告示贴出后，老百姓看了都惊吵喧闹起来。尤其是一些外地来的客人，更是丈二和尚摸不着头脑，还真的以为官府要在城里放三天火呢！大家纷纷收拾行李，争着离开这是非之地。当地的老百姓，平时对于田登的专制蛮横无理已经是非常不满，这次看了官府贴出的这张告示，更是气愤万分，愤愤地说：“只许州官放火，不许百姓点灯，这是什么世道！”

第16课 火烧眉毛

火烧眉毛－毛举细故－故土难离－离经叛道
道骨仙风－风靡一时－时来运转－转危为安
安闲自得－得意之作－作壁上观－观隅反三
三差五错－错彩镂金－金榜挂名－名不常存

【释义】

火烧眉毛 ①火烧到眉毛。比喻事到眼前，非常急迫。②比喻只顾眼前。常作歇后语。

毛举细故 毛：琐碎；细故：小事。指烦琐地列举小事情，加以责难或攻击。

故土难离 故土：出生地，或过去住过的地方，这里指故乡、祖国。难于离开故乡的土地。形容对家乡或祖国有无限的眷恋之情。

离经叛道 离：背离，不遵守。原指违反封建统治阶级所尊奉的经典和教条。现泛指背离占主导地位的理论或学说。

道骨仙风 指有得道者及仙人的气质神采。

风靡一时 风靡：草木随风倒下。形容一个事物在一个时期非常盛行。

时来运转 时代已成过去，情境有了很大变化。

转危为安 由危险转为平安。

安闲自得 自得：自己感到舒适。安静清闲，感到非常舒适。

得意之作 指自己认为非常满意的作品。

作壁上观 壁：壁垒，古时军营四周的围墙；观：旁观。原指双方交战，自己站在壁垒上旁观。后多比喻站在一旁看着，不动手帮助。

观隅反三 犹言举一反三。比喻从一件事情类推而知道其他许多事情。

三差五错 泛指差错。常指意外的事故。

错彩镂金 错：涂饰；镂：雕刻。形容诗文的辞藻十分华丽。

金榜挂名 指科举得中。同“金榜题名”。

名不常存 形容功业巨大，永垂不朽。

【典故】

作壁上观

出处：《史记·项羽本纪》：“及楚击秦，诸将皆从壁上观。”

秦朝末年，项羽与叔父项梁起兵反秦，推举楚怀王之孙为楚王，军威大震。已被秦朝灭亡的赵、魏、燕、韩诸国，也伺机复国，与楚王结盟反秦。项梁率军接连取胜，秦二世胡亥急遣大将章邯统领大军镇压。定陶一战，楚军大败，项梁战死。章邯遂挥师攻赵，围困赵王于巨鹿。赵王向楚王紧急求救。楚王以宋义为主将，项羽为副将，率师援赵。宋义力图避开秦军锋芒，保存实力。楚军开抵安阳，竟一驻四十六天，只待秦赵厮杀两败俱伤，才挥戈出击。这就急煞项羽。他几番催促宋义渡河作战，都被拒绝。宋义甚至说：“冲锋陷阵，我不如你；筹谋划策，则你不如我。”项羽一怒之下，杀了宋义号令全军，并报告楚王。楚王命项羽为主将。项羽亲率全军渡过漳水，旋即“破釜沉舟”，每人只发三天干粮，与秦军决一死战。此时，集结在前线的已有十几支各地援赵部队。各路援军见秦军势大，都固守营寨，不敢轻易出战。楚军一到，立即发动猛攻。一场恶战，杀声震天。楚军将士似出山猛虎，以一当十，直杀得秦军落花流水，溃不成军。各路援军在自己营垒上看到了这一壮观场面。楚军大捷，项羽从此成为各路反秦部队的领袖。

第17课　存而不论

存而不论－论辩风生－生不如死－死败涂地
地崩山摧－摧锋陷坚－坚壁不战
战无不胜，攻无不取－取长补短－短兵相接
接二连三－三心二意－意味深长－长歌当哭

【释义】

存而不论　把问题搁置起来，不加推究和讨论。

论辩风生　议论辩驳，极生动而又风趣。

生不如死　生活在这个世界，还不如死了。比喻心里极度难过，伤心，绝望，活着比死更难过。

死败涂地　指惨败而死伤严重的景象。

地崩山摧　土地崩裂，山岭倒塌。多形容巨大变故。

摧锋陷坚　摧：摧毁；锋：锋利；陷：攻陷；坚：坚锐。破敌深入。

坚壁不战　坚守壁垒，不与敌交战。

战无不胜，攻无不取　形容军队力量强大，百战百胜。或比喻做任何事情都能成功。

取长补短　吸取别人的长处，来弥补自己的不足之处。也泛指在同类事物中吸取这个的长处来弥补那个的短处。

短兵相接　短兵：刀剑等短兵器；接：交战。指近距离搏斗。比喻面对面地进行激烈的斗争。

接二连三　接连不断。

三心二意 又想这样又想那样，犹豫不定。常指不安心，不专一。

意味深长 意味：情调，趣味；长：长远，久远。意思含蓄深远，耐人寻味。

长歌当哭 长歌：长声歌咏，也指写诗；当：当做。用长声歌咏或写诗文来代替痛哭，借以抒发心中的悲愤。

【典故】

取长补短

战国时期，孟子名扬诸侯，请教他的人很多。

有一次，滕国太子到楚国去，途经宋国，当他得知孟子也在宋国时，连忙下车去拜访孟子。滕太子向孟子请教治国良策，孟子告诉他说，治国要行仁政，才能以德服众。孟子还勉励滕太子像尧舜那样治理国家，实施井田制，贤明治国。

滕太子对孟子说，滕国土地狭小，不适合实施仁政。

孟子说：“如果把滕国土地‘取长补短’，方圆也有五十里，完全可以实行仁政。”

滕太子见孟子说的很对，连忙道谢离去。

第18课 哭笑不得

哭笑不得－得失参半－半上半下－下坂走丸
丸泥封关－关怀备至－至诚高节－节变岁移
移宫换羽－羽毛丰满－满满当当－当场出丑
丑类恶物－物阜民安－安安静静－静不露机

【释义】

哭笑不得 哭也不好，笑也不好。形容很尴尬。

得失参半 得失：得到与失去。得到的和失去的各一半。即得失相当。

半上半下 指两可之间。

下坂走丸 从山坡上滚下弹丸。比喻顺势无阻，敏捷而无停滞。

丸泥封关 丸泥：一点泥，比喻少；封：封锁。形容地势险要，只要少量兵力就可以把守。

关怀备至 关心得无微不至。

至诚高节 至：最。最忠诚，最高尚的节操。形容人品高尚。

节变岁移 节：节令；岁：年。节令变易，年岁转换。

移宫换羽 宫，羽：古代乐曲中的两种曲调名。原指乐曲换调，后也比喻事情的内容有所变更。

羽毛丰满 小鸟的羽毛已经长全。比喻已经成熟或实力已强大。

满满当当 形容很满的样子。

当场出丑 在大庭广众露出丑相，丢脸。

丑类恶物 指坏人。

物阜民安 阜：丰富。物产丰富，人民安乐。

安安静静 指没有声音，没有吵闹和喧哗。

静不露机 静：平静，安静；露：泄露；机：机密。指在心里暗暗谋划计策，外表不露任何声色。

【典故】

丸泥封关

刘秀想平定陇西的隗嚣和蜀地的公孙述。

建武五年（公元 30 年），刘秀派来歙传旨隗嚣，让他的儿子入侍。实际上，这是扣作人质。

隗嚣迫于形势，只好将长子隗恂派赴洛阳。隗嚣的大将王元说，函谷关形势险要，据此可以称霸一方。王元称：请以一丸泥，为大王东封函谷山，此万世一时也！丸泥封关就是用弹子大的泥丸就可以将函谷关封闭，言其关之险要。

第19课　机不容发

机不容发－发愤忘食－食毛践土－土偶蒙金
金城千里－里丑捧心－心比天高－高岸深谷
谷父蚕母－母慈子孝－孝悌力田－田夫野老
老当益壮－壮志凌云－云泥之别－别有洞天

【释义】

机不容发　比喻时机紧迫。

发愤忘食　努力学习或工作，连吃饭都忘了。形容十分勤奋。

食毛践土　毛：指地面所生之谷物；践：踩。原意是吃的食物和居住的土地都是国君所有。封建官吏用以表示感戴君主的恩德。

土偶蒙金　在泥塑人像外面涂上金粉。比喻因袭模仿，徒有其表。

金城千里　指辽阔的国土坚城环绕，险固可靠。

里丑捧心　指妄学别人而愈见其丑。

心比天高　形容心地高傲或所想超过现实。

高岸深谷　指幽僻的处所。形容幽峭深邃。也比喻事物的巨大变化。

谷父蚕母　指传说中的农桑之神。

母慈子孝　母亲慈祥爱子，子女孝顺父母，是封建社会所提倡的道德风范。

孝悌力田　指孝顺父母，尊敬兄长，努力务农。

田夫野老　乡间农夫，山野父老。泛指民间百姓。

老当益壮　老：老年；当：应该；益：更加；壮：强壮，雄壮。年纪虽老而志气更豪壮。

壮志凌云 壮志：宏大的志愿；凌：升上。凌云：直上云霄。形容理想宏伟远大。

云泥之别 像天上的云和地上的泥那样高下不同。比喻地位的高下相差极大。

别有洞天 ①洞中另有一个天地。形容风景奇特，引人入胜。②谓尘世之外，另有仙境。洞天：道教用以称仙人所居之处。有王屋山等十大洞天，泰山等三十六小洞天。

【典故】

老当益壮

老当益壮的意思就是说年龄虽老而志气更壮。下面这个成语故事讲述的是它真正的出处，那就是汉代名将马援为汉光武帝立下赫赫战功，成为历史上有名的军事将领的故事。

在东汉时期有一位名将叫做马援，他自幼立志到边疆去发展畜牧业。长大以后，他当了扶风郡的督邮。有一次，他受郡太守的差遣，送犯人去长安。在押解途中，犯人的凄惨状使他动了恻隐之心。他放走了犯人，免去了他的刑罚之苦。因为他这是犯了包庇犯人的罪，所以他自己不得不丢了官，逃亡到北朝郡躲起来。这时恰好遇上大赦，以前的事不再追究，于是他安心地搞起畜牧业和农业生产来。

几年之后，马援成了一个大畜牧主，拥有大片土地，牛羊几千头，粮食几万石。但是，他常对朋友说做人要穷当益坚，老当益壮。意思就是说：越穷困，志向越要坚定；越年老，志气越要壮盛。于是他把自己辛苦积攒的财产、牛羊都分送给他的兄弟、朋友。他说："一个人做守财奴太没有意思了。"他要做有意义的事，做有价值的人。后来，马援转而从军，为光武帝立下战功，成为历史名将。

第20课 天昏地暗

→ 天昏地暗－暗室私心－心心念念－念念不忘
忘生舍死－死乞白赖－赖骨顽皮－皮肤之见
见财起意－意在言外－外刚内柔－柔肠百结
结草衔环－环堵萧然－然荻读书－书不释手 →

【释义】

天昏地暗 昏：天黑。天地昏黑无光。形容刮大风时漫天沙土的景象。也比喻政治腐败，社会黑暗。

暗室私心 指在暗中做见不得人的亏心事。同“暗室亏心”。

心心念念 心心：指所有的心思；念念：指所有的念头。心里老是想着。指想做某件事或得到某种东西。

念念不忘 念念：时时思念着。形容牢记心上，时刻不忘。

忘生舍死 忘却性命，不怕牺牲。

死乞白赖 形容纠缠不休。

赖骨顽皮 形容顽劣，不知好歹。亦指顽劣的人。

皮肤之见 肤浅的见解。

见财起意 见人钱财，动起歹念。

意在言外 语言的真正用意没有明白说出来，细细体会就知道了。

外刚内柔 外表刚强而内在柔弱。同“内柔外刚”。

柔肠百结 柔和的心肠打了无数的结。形容心中郁结着许多愁苦。

结草衔环 旧时比喻感恩报德，至死不忘。

环堵萧然 环堵：环着四堵墙；萧然：萧条的样子。形容室中空无所有，极为贫困。

然荻读书 然：“燃”的本字，燃烧；荻：芦苇一类的植物。燃荻为灯，发愤读书。形容勤学苦读。

书不释手 手里的书舍不得放下。形容勤学或看书入迷。

【典故】

结草衔环

《左传·宣公十五年》记载：春秋时期，晋国大夫魏颗的父亲魏武子有个非常宠爱的小妾。魏武子临死前，要魏颗把那个小妾给他殉葬。魏武子死后，魏颗却把父亲宠爱的那个小妾嫁给了别人。

后来，秦将杜回领兵攻打晋国，晋王命魏颗率兵抵抗。两军正在激战之时，战场上突然出现了一位老人，他把地上的草打成了许多结把杜回绊倒，魏颗因此活捉了杜回，秦军大败。当天夜里，魏颗做了一个梦，梦见白天的那个老人对他说：“我是你所嫁的那个妇人的父亲，特来战场上结草报恩。”

《后汉书·杨震传》注引《续齐谐记》记载：东汉杨宝小的时候，在山林中见到一只奄奄一息的小黄雀。杨宝见它可怜，便带回家中精心照料。等小黄雀的伤完全养好后，杨宝就把它放了。当天晚上，杨宝做了一个梦，梦见有一个黄衣童子，口中衔着四个玉环，说是送给杨宝的礼物，并祝愿杨宝子孙几代都做大官。后来，杨宝的儿子、孙子、曾孙果然都做了大官，享尽了荣华富贵。

根据这两个传说，人们概括出了“结草衔环”这个成语，用来比喻感恩报德，至死不忘。

第21课 手无缚鸡之力

→ 手无缚鸡之力－力小任重－重气徇名
名不副实－实逼处此－此发彼应－应变无方
方便之门－门不停宾－宾饯日月－月白风清
清茶淡饭－饭坑酒囊－囊空如洗－洗颈就戮 →

【释义】

手无缚鸡之力 连捆绑鸡的力气都没有。形容身体弱、力气小。

力小任重 能力小，负担重。犹言力不胜任。

重气徇名 重视义气，慕求声名。

名不副实 副：相称，相符合。名声或名义和实际不相符。指空有虚名。

实逼处此 指为情势所迫，不得不这样。

此发彼应 这里发动，那里响应。

应变无方 随机应变，不墨守成规。

方便之门 原是佛教指引人入教的门径，后指给人方便的门路。

门不停宾 宾：宾客。门外不停留客人。形容勤于待客。

宾饯日月 宾：通“傧”，指迎接；饯：指送别。迎送。多指岁月流逝。

月白风清 形容幽静美好的夜晚。

清茶淡饭 清：清淡。形容饭食非常简单。

饭坑酒囊 比喻只会吃喝不会做事的人。

囊空如洗 口袋里空得像洗过一样。形容口袋里一个钱也没有。

洗颈就戮 把脖子洗净，伸到刀下受斩。比喻等待灭亡。

【出处】

此发彼应

“此发彼应”出自清代陈天华《警世钟》：“各做各的，怎么行呢？一定是要互相联络，此发彼应才行。”

宾饯日月

“宾饯日月”出自《书·尧典》：“分命羲仲，宅嵎夷，曰昜谷。寅宾出日，平秩东作。”又：“分命和仲，宅西，曰昧谷。寅饯纳日，平秩西成。”

囊空如洗

“囊空如洗”出自明代冯梦龙《警世通言》卷三十二：“我非无此心。但教坊落籍，其费甚多，非千金不可。我囊空如洗，如之奈何？”

第22课　戮力同心

→ 戮力同心－心无二用－用非其人－人才出众
众多非一－一百五日－日薄虞渊－渊谋远略
略地攻城－城府深沉－沉鱼落雁－雁去鱼来
来日方长－长年累月－月旦春秋－秋波盈盈 →

【释义】

戮力同心　戮力：并力，合力；同心：思想一致，很齐心。指齐心合力，团结一致。

心无二用　指做事要专心，注意力必须集中。

用非其人　任用了不适当的人才。指用人不当。

人才出众　人品才能超出众人。

众多非一　指类别甚多，不止一种。

一百五日　冬至后的第一百零五天。指寒食日。

日薄虞渊　犹日薄西山。比喻人已经衰老或事物衰败腐朽，临近死亡。虞渊：神话传说中日入之处。

渊谋远略　深谋远虑。

略地攻城　略：侵夺，强取。夺取地盘，攻战城池。指向敌方进攻。

城府深沉　城府：城市和官府，比喻深远用心。形容待人处事的心机深沉，使人难以揣测。

沉鱼落雁　沉：使下沉；落：使落下。鱼见之沉入水底，雁见之降落沙洲。形容女子容貌美丽。

雁去鱼来　书信往来。雁、鱼均喻书信。

来日方长 来日：未来的日子；方：正。将来的日子还长着呢。表示事有可为或将来还有机会。

长年累月 长年：多年，整年。形容经过了很多年月。

月旦春秋 比喻评论人物的好坏。

秋波盈盈 形容眼神饱含感情。

【典故】

沉鱼落雁

春秋战国时期，越国有一个叫西施的，是个浣纱的女子，五官端正，粉面桃花，相貌过人。她在河边浣纱时，清澈的河水映照她俊俏的身影，使她显得更加美丽。这时，鱼儿看见她的倒影，忘记了游水，渐渐地沉到河底。从此，西施这个“沉鱼”的别号，在附近流传开来。

汉元帝在位期间，南北交兵，边界不得安静。汉元帝为安抚北匈奴，选昭君与单于结成姻缘，以保两国永远和好。在一个秋高气爽的日子里，昭君告别了故土，登程北去。一路上，马嘶雁鸣，撕裂她的心肝；悲切之感，使她心绪难平。她在坐骑之上，拨动琴弦，奏起悲壮的离别之曲。南飞的大雁听到这悦耳的琴声，看到骑在马上的这个美丽女子，忘记摆动翅膀，跌落地下。从此，昭君就得来“落雁”的代称。

第23课 盈科后进

盈科后进－进道若退－退避三舍－舍安就危
危而不持－持螯封菊－菊老荷枯－枯本竭源
源头活水－水到渠成－成事不说－说三道四
四战之地－地狱变相－相机而动－动心怵目

【释义】

盈科后进 泉水遇到坑洼，要充满之后才继续向前流。比喻学习应步步落实，不能只图虚名。

进道若退 指前进之道反若后退。

退避三舍 舍：古时行军计程以三十里为一舍。主动退让九十里。比喻退让和回避，避免冲突。

舍安就危 就：靠近。舍弃安逸向危险靠拢。形容十分不理智，做事带风险且违背常规。

危而不持 国有危急之事，不需外力扶助便能安然平息。

持螯封菊 形容吃蟹看菊的情趣。

菊老荷枯 菊花凋零，荷花枯萎。比喻女子容颜衰老。

枯本竭源 枯：使枯死；本：根本；竭：竭尽；源：源头。指损害事物的根基。

源头活水 原比喻读书越多，道理越明。现也指事物发展的动力和源泉。

水到渠成 渠：水道。水流到的地方自然形成一条水道。比喻条件成熟，事情自然会成功。

成事不说 说：解说。原指事情已成，不要再解说；后指事情已过，不要再解说。

说三道四 形容不负责任地胡乱议论。

四战之地 指四面平坦，无险可守，容易受攻击的地方。

地狱变相 旧时比喻社会的黑暗残酷。

相机而动 观察时机，看到适当机会立即行动。

动心怵目 怵目：使人看了感到恐惧。看了使人感到内心恐惧。形容感受很深，震动非常大。

【典故】

退避三舍

春秋时期，晋献公听信谗言，杀了太子申生，又派人捉拿申生的弟弟重耳。重耳闻讯，逃出了晋国，在外流亡十几年。

经过千辛万苦，重耳来到楚国。楚成王认为重耳日后必有大作为，就以国君之礼相迎，待他如上宾。

一天，楚王设宴招待重耳，两人饮酒叙话，气氛十分融洽。忽然楚王问重耳："你若有一天回晋国当上国君，该怎么报答我呢？"重耳略一思索说："美女侍从、珍宝丝绸，大王您有的是，珍禽羽毛，象牙兽皮，更是楚地的盛产，晋国哪有什么珍奇物品献给大王呢？"楚王说："公子过谦了。话虽然这么说，可总该对我有所表示吧？"重耳笑笑回答道："要是托您的福。果真能回国当政的话，我愿与贵国友好。假如有一天，晋楚国之间发生战争，我一定命令军队先退避三舍（一舍等于三十里），如果还不能得到您的原谅，我再与您交战。"

四年后，重耳真的回到晋国当了国君，就是历史上有名的晋文公。晋国在他的治理下日益强大。

公元前 633 年，楚国和晋国的军队在作战时相遇。晋文公为了实现他许下的诺言，下令军队后退九十里，驻扎在城濮。楚军见晋军后退，以为对方害怕了，马上追击。晋军利用楚军骄傲轻敌的弱点，集中兵力，大破楚军，取得了城濮之战的胜利。

第24课 目不给赏

目不给赏－赏贤使能－能不称官－官卑职小
小手小脚－脚不沾地－地丑德齐－齐镳并驱
驱骥捕鼠－鼠臂虮肝－肝肠寸断－断臂燃身
身败名裂－裂地分茅－茅茨不剪－剪草除根

【释义】

目不给赏 眼睛来不及观赏。形容景物优美繁多。

赏贤使能 尊崇并重用贤能之士。赏，通“尚”。

能不称官 才能跟职位不相称。

官卑职小 卑：职位低下。官位很低，职务也小。

小手小脚 形容不大方。也形容做事没有魄力。

脚不沾地 形容走得非常快，好像脚尖都未着地。

地丑德齐 丑：同类。地相等，德相同。比喻彼此条件一样。

齐镳并驱 比喻彼此的力量或才能不分高下。同“齐驱并驾”。

驱骥捕鼠 驱使千里马去追捕老鼠。比喻任用有才能的人承担他所不能胜任的工作。

鼠臂虮肝 犹言鼠肝虫臂。指人世变化无常。

肝肠寸断 比喻伤心到极点。

断臂燃身 断手臂、燃肉身灯。

身败名裂 地位丧失，名誉扫地。指做坏事而遭到彻底失败。

裂地分茅 古代分封诸侯时，用白茅裹着的泥土授予被封的人，象征授予土地和权力。同“裂土分茅”。

茅茨不剪 用茅草覆盖屋顶，而且没有修剪整齐。

剪草除根 除草时要连根除掉，使草不能生长。比喻除去祸根，以免后患。

【典故】

肝肠寸断

肝肠寸断现在经常被形容人伤心悲痛到极致。而此词的出处原非指人，而是一个关于猿猴母子的故事。

这个典故出自《世说新语·黜免》。

东晋时，大将桓温乘船去蜀地，路过三峡的时候，部下捉到一只小猿上船，而母猿在江岸上凄惨地号叫着，跟着船跑了数百里还不肯放弃。

后来，母猿跳到船上就断气了。人们剖开母猿的肚子，发现肠子已经断成一寸一寸的了。

桓温听后大怒，下令削去捉猴子的人的职务。

然猿死不能复生，就留下了这样一个成语故事让人扼腕叹息。

第25课 根柢未深

根柢未深－深闭固拒－拒虎进狼－狼奔兔脱
脱口而出－出山泉水－水火之中－中庸之道
道不掇遗－遗编坠简－简纲捷端－端本澄源
源源本本－本本分分－分外之物－物阜民丰

【释义】

根柢未深 根柢：树木的根。树根还没有扎得很深。比喻事业或学业的基础不牢，底子尚薄。

深闭固拒 形容坚决不接受别人的意见。

拒虎进狼 比喻一害刚去，又来一害。

狼奔兔脱 形容仓皇逃窜。

脱口而出 不经考虑，随口说出。形容说话不慎重。也形容才思敏捷，可以对答如流。

出山泉水 出山：比喻出仕。旧指做了官的人，就不像未做官时那样清白了。

水火之中 水火：比喻灾难。灾难困苦之中。

中庸之道 指不偏不倚，折中调和的处世态度。

道不掇遗 路上没有人把别人丢失的东西拾走。形容社会风气好。同“道不拾遗”。

遗编坠简 指散失而残缺不全的典籍。同“遗编断简”。

简纲捷端 纲：纲要；端：头绪。简化提纲，减少头绪。即省略。

端本澄源 犹正本清源。从根本上加以整顿清理。

源源本本 源头和根本。多用以指事情的始末。
本本分分 安分守己。
分外之物 非本分应得的财物。
物皁民丰 物产丰富，人民安乐。

【典故】

中庸之道

何谓中庸？感觉大概是不偏不倚、不左不右、不上不下、不红不紫、不黑不白、恰如其分。这个中庸之道是儒家提倡的，也是中国几千年历史一以贯之推崇的，然而过于玄妙，不好体会。

关于孔子学生的三个故事，中庸之道可见一斑。

孔子的学生曾点、曾参是父子。有一天曾参在田地里干活，笨手笨脚地把禾苗锄掉了，曾点勃然大怒，拿起棍子狠揍曾参，曾参恭恭敬敬地站在那里也不躲，结果被打晕过去了。一会儿曾参醒过来，还恭恭敬敬地对父亲说："儿子不孝，惹你生气了。"旁人看到了都夸曾参"仁"——仁者孝为先，父亲把自己打成这个样子还不逃不反抗，多好的一个孩子！可这事传到老师孔子这里，孔子却生气了，不让曾参进门，不认他这个学生。孔子说了：你父亲下狠手打你，有可能把你打死，如果把你打死，你父亲就会犯罪坐牢，即使不把你打死，打伤了他也会伤心，也是一个过错。他打你，你就应该躲避，这才是真正的孝。你以为不躲避就是孝，那反而是在怂恿你父亲犯错。就是最大的不孝。

一个是大大方方受礼的故事。孔子的学生子路，有一次遇见一个孩子溺水，便急忙投水相救，被救的孩子家长送了一头牛给子路，子路毫不推辞地收了下来。有人说，子路救了人还收礼，似乎不符合“仁”的道理。孔子听到了则很高兴，说子路做得对，从此鲁人必乐于拯救溺水之人了。得救的人有谢金，救人的人有回报，两全其美的事。

一个是救人不受礼的故事：鲁国的法例规定，如果有人肯出钱去赎回被邻国捉去作臣妾的百姓，政府都依例付给一笔奖金，作为奖励。孔子的学生子贡很富有，赎人却不愿接受奖金。孔子知道了就骂他说：“你错了，君子做事可以移风易俗，成为大众的规范，怎么可以只为了自己高兴，为了博得虚荣，就随意去做呢？现在鲁国人少，大都是穷人。你这样无形中创下了恶例，使大家都认为赎人接受赏金是一件丢脸的事，以后还有谁赎得起人，从此以后赎人回国的好风气，将慢慢消失了。”子贡大概很委屈，不过仔细想想就是这个理。

中庸之道，可见一斑。

第26课 丰标不凡

丰标不凡－凡百一新－新陈代谢－谢兰燕桂
桂枝片玉－玉宇琼楼－楼船箫鼓－鼓唇弄舌
舌敝唇枯－枯形灰心－心不应口－口碑载道
道不拾遗－遗臭万年－年高有德－德被四方

【释义】

丰标不凡 风度仪表不同于一般。形容风度出众。

凡百一新 凡：全部；百：指事物多。所有的事物都有了新气象。

新陈代谢 陈：陈旧的；代：替换；谢：凋谢，衰亡。指生物体不断用新物质代替旧物质的过程。也指新事物不断产生发展，代替旧的事物。

谢兰燕桂 比喻能光耀门庭的子侄。

桂枝片玉 “桂林一枝、昆山片玉”的省言。谓登科及第。

玉宇琼楼 ①神话中仙人居住的宫殿。②形容覆雪的楼宇。

楼船箫鼓 楼船：有楼饰的游船。乘坐楼船，吹箫击鼓。

鼓唇弄舌 鼓：拨动，振动。振动嘴唇，拨弄舌头。形容凭口舌挑拨、煽动或进行游说。

舌敝唇枯 敝：破碎；枯：干枯。说话说得舌头都破了，嘴唇都干了。形容费尽了唇舌。

枯形灰心 身体像枯木，心如同死灰。形容极端消极。

心不应口 心里想的和嘴里说的不一致。指为人虚伪。

口碑载道 比喻群众口头称颂像文字刻在碑上一样。载：充满；道：道路。形容群众到处都在称赞。

道不拾遗 遗：失物。路上没有人把别人丢失的东西拾走。形容社会风气好。

遗臭万年 遗臭：死后留下的恶名。死后恶名一直流传，永远被人唾骂。

年高有德 年纪高，品德好。

德被四方 品德高尚，满布天下。

【典故】

道不拾遗

商鞅，原名卫鞅，卫国人，战国时期政治家。他在秦孝公时任秦国的宰相，因功劳显赫而封赐商地十五邑，故称商鞅。他制定了一系列新法，废除了维护贵族特权的旧法。这就是历史上有名的“商鞅变法”。

他坚决主张法律面前人人平等，不管是什么人，只要对国家有功，就应该予以奖励。他鼓励耕织，生产多的可免去徭役。他认为，贵族世袭的制度应该废除，应当按军功的大小给予不同的爵位等级，执法应该严明，不讲私情，以法为准。商鞅的变法遭到了贵族势力的反对，但在秦孝公的支持下，变法很快就推行开了。

一年以后，由于商鞅积极地推行变法，老百姓的生产积极性提高了，军队纪律严明，民风也变得淳朴起来。人们不随意拿取，夜不闭户，道不拾遗，秦国一天天强大了起来，别的诸侯都对秦国心存畏惧。

第27课 方寸不乱

方寸不乱－乱臣贼子－子为父隐－隐晦曲折
折节下士－士为知己者死－死生有命，富贵在天
天保九如－如臂使指－指一说十－十风五雨
雨愁烟恨－恨海愁天－天崩地解－解衣衣人

【释义】

方寸不乱 方寸：指心。心绪不乱。形容人遇到特殊紧急的情况时能够从容镇定。

乱臣贼子 乱臣：叛乱之臣；贼子：忤逆之子。旧指不守君臣、父子之道的人。后泛指心怀异志的人。

子为父隐 儿子为父亲隐瞒劣迹。

隐晦曲折 隐晦：不明显。指写文章或说话时用隐隐约约、转弯抹角的方式来表达某种思想。

折节下士 折节：屈己下人。屈己下人，尊重有见识有能力的人。

士为知己者死 知己者：了解自己，信用自己的人。指甘愿为赏识自己、栽培自己的人献身。

死生有命，富贵在天 指万事皆由天命注定。

天保九如 天保：《诗经·小雅》中的篇名；九如：该诗中连用了九个“如”字，有祝贺福寿延绵不绝之意。旧时祝寿的话，祝贺福寿绵长。

如臂使指 比喻指挥如意，没有牵制。

指一说十 指着一说成是十。形容不顾事实，存心夸大。

十风五雨 十天一刮风，五天一下雨。形容风调雨顺，气候适宜。

雨愁烟恨 烟雨所引起的人的惆怅哀愁。

恨海愁天 形容愁闷像山一样大，像海一样深，无法排遣。

天崩地解 比喻重大的事变。也形容巨大的声响。同“天崩地坼”。

解衣衣人 脱下衣服给别人穿。

【典故】

士为知己者死

传说战国时晋国大将智伯被赵襄子杀害后葬埋在南智邱与北智邱之间。智伯墓之南称为南智邱，智伯墓之北称之北智邱。相传晋国的豫让原先投靠危中行，豫让便隐姓埋名找机会刺杀赵襄子。后来豫让被赵襄子捉住了。赵襄子问豫让：“智伯杀了危中行你不为危中行报仇，为什么我杀了智伯你却为智伯报仇呢?”豫让说：“危中行待我像平常的佣人一样，所以我以众人的身份回报他。智伯待我像国士一样，我就以国士的身份报答他。士为知己者死，我死而无悔!”

第28课 人才济济

人才济济－济济一堂－堂堂正正－正大光明
明白如话－话不投机－机变如神－神通广大
大逆不道－道不相谋－谋臣如雨－雨凑云集
集思广益－益国利民－民保于信－信笔涂鸦

【释义】

人才济济 济济：众多的样子。形容有才能的人很多。

济济一堂 形容很多有才能的人聚集在一起。

堂堂正正 堂堂：盛大的样子；正正：整齐的样子。原形容强大整齐的样子，现也形容光明正大。也形容身材威武，仪表出众。

正大光明 心怀坦白，言行正派。

明白如话 形容诗文通俗易懂。

话不投机 投机：意见相合。形容话说不到一起。

机变如神 机变：机智、权变。机智权变，神奇莫测。

神通广大 神通：原是佛家语，指神奇的法术。法术广大无边。形容本领高超，无所不能。现有时用于讽刺。

大逆不道 逆：叛逆。指不合某种观念和道德标准的行为。

道不相谋 指思想志向不同的人不会在一起共事。

谋臣如雨 形容智谋之士极多。

雨凑云集 比喻众多的人或事物聚集一处。

集思广益 思：思考，意见；广：扩大。指集中群众的智慧，广泛吸收有益的意见。

益国利民 对国家、对人民都有利。

民保于信 指执政的人有信还要有义，才能受到人民拥护。

信笔涂鸦 信：听凭，随意；信笔：随意书写；涂鸦：比喻字写得很拙劣，随便乱涂乱画。形容字写得很潦草。也常用作自谦之词。

【典故】

大 逆 不 道

秦朝灭亡以后，刘邦和项羽展开了长达五年的楚汉战争。

有一天项羽在阵前向刘邦喊话，要与他决一雌雄。刘邦回答说：“我开始与你都受命于楚怀王，约定先定关中的为王。但是我先定关中后你却负约，让我到巴蜀去当汉王。这是你第一条罪状。你在去救援赵军途中，杀死上将军宋义，自称上将军，这是你第二条罪状。你违抗怀王命令，擅自劫持各诸侯的兵马人员，这是你的第三条罪状。”接着，刘邦又揭露项羽烧毁秦宫、掘开秦皇坟墓，搜刮财物，杀死投降的秦王子婴，活埋二十万秦国百姓，杀害义帝等罪状。在讲到第十条罪状时，刘邦说：“你作为臣子而杀死君王，又杀害已经投降的人，为政不平，对订立的约定不讲信义，为天下所不容，属于重大的叛逆。你犯下如此十条大罪，我兴仁义之兵来讨你这个逆贼，你还有什么面目向我挑战！”

项羽听了刘邦的话，气得浑身发抖，命令弓箭手向刘邦放箭。结果，一箭射中刘邦前胸，汉军只好退兵。

第29课 鸦巢生凤

鸦巢生凤－凤凰于飞－飞蝇垂珠－珠光宝气
气生气死－死不瞑目－目不给视－视财如命
命若悬丝－丝来线去－去天尺五－五毒俱全
全智全能－能不两工－工愁善病－病病歪歪

【释义】

鸦巢生凤 乌鸦的窝里生出了凤凰。比喻贫苦人家培养出了有才华的人物。

凤凰于飞 ①亦作“凤皇于飞”“凤皇于蜚”。②凤和凰相偕而飞。喻夫妻相亲相爱。亦常用以祝人婚姻美满之辞。

飞蝇垂珠 眼前像有群蝇飞动，串珠垂挂。比喻眼睛昏花。

珠光宝气 珠、宝：指首饰；光、气：形容闪耀着光彩。旧时形容妇女服饰华贵富丽，闪耀着珍宝的光色。

气生气死 气得死去活来。形容生气到极点。

死不瞑目 瞑目：闭眼。死了也不闭眼。原指人死的时候心里还有放不下的事。现常用来形容极不甘心。

目不给视 给：供给。眼睛来不及观赏。形容景物又美又多。

视财如命 形容人的吝啬，把钱财看得有如生命一般。

命若悬丝 比喻生命危殆。

丝来线去 ①形容工艺细致精密。②谓牵扯纠缠。

去天尺五 ①指与宫廷相近。②极言地势之高。

五毒俱全 五毒：多指蛇、蝎、蜈蚣、壁虎、蟾蜍五种动物。

指违法乱纪，各种坏事都做。

全智全能 ①亦作“全能全智”。②谓无所不知无所不能。

能不两工 工：精通。即使有才能，也不能精通两种技术。

工愁善病 指很容易发愁得病。

病病歪歪 形容病体衰弱无力的样子。

【典故】

死不瞑目

东汉末年，孙武的后代孙坚，因军功逐步提升为长沙太守，封乌程侯。公元189年，凉州军阀董卓拥兵入京废少帝，立献帝，倒行逆施，贪暴专横，激起了人民的不满。很多州郡长官借讨伐董卓为名，扩充自己的势力。孙坚和盘踞长江、淮河之间的袁术共同讨伐董卓。董卓害怕孙坚的勇猛善战，派部将李傕（jué）等人向孙坚请求和亲，并对其亲属封官许愿。孙坚看到董卓不得人心，绝不能久居高位，拒绝了董卓和亲的要求，并大骂说：“卓逆天无道，荡覆王室，今不夷汝三族，悬示四海，则吾死不瞑目。”意思为董卓逆天意行事，残暴无道，荡覆王室，我如果不能灭他三族，将他的头悬示全国，死了也闭不上眼。

“死不瞑目”形容人临死时还有放不下的事，现在多用来形容死也不甘心。

第30课 歪七竖八

歪七竖八－八百孤寒－寒蝉凄切－切树倒根
根株牵连－连鳌跨鲸－鲸波鳄浪－浪蝶狂蜂
蜂缠蝶恋－恋酒迷花－花前月下－下井投石
石城汤池－池鱼笼鸟－鸟啼花落－落花无言

【释义】

歪七竖八 歪歪扭扭的。形容不正的样子。

八百孤寒 八百：形容很多；孤寒：指贫寒的读书人。许许多多贫寒的读书人。

寒蝉凄切 寒蝉：冷天里的知了。天冷时，知了发出凄惨而低沉的声音。文艺作品中多用以烘托悲凉的气氛和情调。

切树倒根 比喻彻底。

根株牵连 指一方有祸，另一方如同根与株一般不可避免地受到牵累。

连鳌跨鲸 表示超凡成仙。

鲸波鳄浪 犹言惊涛骇浪。

浪蝶狂蜂 轻狂的蜂蝶。比喻轻狂的男子。

蜂缠蝶恋 缠：纠缠；恋：依恋。蜜蜂纠缠不休，蝴蝶依恋不舍。比喻情和爱的干扰。

恋酒迷花 恋：沉迷；迷：痴迷；花：娼妓，歌女。指沉迷于酒色和女色之中。

花前月下 本指游乐休息的环境。后多指谈情说爱的处所。

下井投石 见人掉进井里，不但不搭救，反而向井里扔石头。
石城汤池 比喻防守坚固不易攻破的城池。
池鱼笼鸟 池中之鱼，笼中之鸟。比喻处于困境，丧失自由。
鸟啼花落 形容凄凉的情景。
落花无言 原来比喻诗的风格典雅。后比喻经受失败而无怨怼。

【典故】

八百孤寒

李德裕（787～850），字文饶，唐代赞皇人，出身于名门望族，是宰相李吉甫之子。李德裕少好学，以父荫补校书郎。穆宗时，擢为骑林学士，累迁为中书舍人，御史中丞。他常常援助那些出身寒微的读书人，后在党争中失败，被贬为崖州司户，受恩的士子都为此垂泪。当时有人作诗云："八百孤寒齐下泪，一时南望李崖州。"见五代王定保《唐摭言·好放孤寒》。八百：虚指，表许多。孤寒：指出身寒微的读书人。后以"八百孤寒"指贫寒受恩或急需受恩的人。

第31课 言十妄九

言十妄九－九牛二虎之力－力倍功半
半半拉拉－拉捭摧藏－藏锋敛颖－颖脱而出
出尘之想－想当然耳－耳边之风－风兵草甲
甲冠天下－下比有余－余杯冷炙－炙凤烹龙

【释义】

言十妄九 形容说话虚妄不实。

九牛二虎之力 比喻很大的力气。常用于很费力才做成一件事的场合。

力倍功半 指工作费力大，收效小。

半半拉拉 不完整或未全部完成的。

拉捭摧藏 拉：摧折；捭：两手排击；摧藏：挫伤。指摧伤挫折。

藏锋敛颖 比喻不露锋芒。同“藏锋敛锷”。

颖脱而出 颖：锥芒。言锥芒全部脱出。比喻有才能的人得到机会，即能全部显现出来。

出尘之想 尘：世俗。超出世俗之外的思想境界。也形容诗文字画的意境、风格不同流俗。

想当然耳 凭主观推断，认为事情大概是或应该是这样。

耳边之风 耳旁之风，一吹而过。比喻不重视，听了不放在心上的话。

风兵草甲 犹言草木皆兵。

甲冠天下 甲冠：超过一切。意思是天下第一。形容某种事物非常突出，远远超出一般。

下比有余 出自“比上不足，比下有余”，赶不上前面的，却超过了后面的。这是满足现状，不努力进取的人安慰自己的话。有时也用来劝人要知足。

余杯冷炙 指吃剩下来的酒食。

炙凤烹龙 同“烹龙炮凤”，形容菜肴的奢侈珍奇。

【典故】

想当然耳

北宋诗人苏东坡在最关键的科举考试中，为了行文方便，竟杜撰了一个三皇五帝时代的典故。主考官欧阳修、梅尧臣也是大文学家，见了竟不敢说错。后来东坡中试，拜谢恩师，二人方才问起，东坡笑道：“想当然耳！”

第32课 龙蛇混杂

龙蛇混杂－杂乱无章－章甫荐履－履薄临深
深更半夜－夜郎自大－大马金刀－刀下留人
人头畜鸣－鸣凤朝阳－阳春有脚－脚不点地
地丑力敌－敌不可假－假痴不癫－癫头癫脑

【释义】

龙蛇混杂 比喻好人和坏人混在一起。
杂乱无章 混乱而无条理。
章甫荐履 帽子被踩在鞋下。比喻上下颠倒。
履薄临深 比喻身处险境，必须十分谨慎。
深更半夜 指深夜。
夜郎自大 夜郎：汉代西南地区的一个小国。比喻人无知而又狂妄自大。
大马金刀 ①形容豪爽，气派大。②形容说话直率锋利，不留情面。
刀下留人 为营救将被斩首的人而向主持或执行斩首的人发出的留人一命的紧急呼吁。
人头畜鸣 鸣：叫。这是骂人的话，指虽然是人，但像畜类一样愚蠢。也比喻人的行为非常恶劣。
鸣凤朝阳 正直敢言的贤士。比喻贤臣遇到明君。
阳春有脚 用以称誉贤明的官员。
脚不点地 形容走得非常快，好像脚尖都未着地。
地丑力敌 指土地相似，力量相当。

敌不可假 指不可宽容敌人。

假痴不癫 装傻；假装糊涂，其实精神没有错乱，言语行动都很正常。

癫头癫脑 犹“疯疯癫癫”。

【典故】

夜郎自大

秦汉时代，我国西南地区居住着许多部落。汉初，由于朝廷忙着平定内乱和对付北方匈奴的侵犯，没有余力顾及到遥远的西南地区，而西南的这些部落也从不知道外面的世界。

西南地区的这些部落都很小，他们散住在山中、林间。其中，有一支名为“夜郎”的部落，就算是很大的了。

夜郎部落有个首领名叫多同。在他眼里，夜郎就是天底下最大的国家了。一天，他骑马带着随从出外巡游，他们来到一片平坦的土地上，多同扬鞭指着前方说：“你们看！这一望无边的疆土，都是我的，有哪一国能比它大呢？”

跟随一旁的仆从连忙献媚说：“大王您说得很对，天下还有哪一国比夜郎更大呢！”多同心里沾沾自喜。

他们又来到一大片高山前，多同仰起头，看着巍峨的高山说：“天下还找得到比这更高的山吗？”

随从连忙应和说：“当然找不到，天下哪有比夜郎的山更高的山呢！”

后来，他们来到一条江边，多同跳下马来，指着滔滔江水说：“你们看，这条江又宽又长，这是世界上最长最大的河了。”

随从们没有一个不同意的，都齐声说：“那是肯定的。

我们夜郎是天下最大的国家。”

这次出游以后，夜郎国的人更加自大起来。

汉武帝时候，武帝派使者出使印度，经过夜郎国。

夜郎的首领多同从没去过中原，根本不知道中原是怎么回事。于是他派人将汉朝使者请进部落帐中。多同问汉朝使者说：“汉和夜郎相比，哪个大些？”

汉使者听了多同的问话，不禁哈哈大笑起来，他回答说：“夜郎和汉是完全不能相比的。汉朝的州郡就有好几十个，而夜郎的全部地盘还抵不上汉朝一个郡的地盘。你看，哪一个大呢？”

多同一听，不禁目瞪口呆，满脸羞愧。

生活中也是这样，见识越广的人越懂得谦虚，而见识越短浅的人反而越盲目自大。

第33课 脑满肠肥

脑满肠肥－肥冬瘦年－年谷不登－登山小鲁
鲁戈挥日－日旰忘食－食不充口－口坠天花
花说柳说－说白道黑－黑白分明－明哲保身
身家性命－命世之才－才疏志大－大功告成

【释义】

脑满肠肥 脑满：指肥头大耳；肠肥：指身体胖，肚子大。形容饱食终日的剥削者大腹便便，肥胖丑陋的形象。

肥冬瘦年 南宋吴地风俗多重冬至而略岁节，冬至时家家互送节物，有“肥冬瘦年”之谚。

年谷不登 年谷：一年收获的谷物；登：成熟，完成。指年成很差，荒年。

登山小鲁 比喻学问很高便能融会贯通，眼光远大。

鲁戈挥日 同“鲁阳挥戈”。指力挽危局。

日旰忘食 天色已晚仍顾不上吃饭。形容专心致志，勤勉不懈。

食不充口 不能吃饱肚子。形容生活艰难困苦。同“食不糊口”。

口坠天花 比喻以夸诞之词动人听闻或以甘言骗人。

花说柳说 形容说虚假而动听的话哄人。

说白道黑 比喻对人对事任意评论。同“说白道绿”。

黑白分明 比喻是非界限很清楚。也形容字迹、画面清楚。

明哲保身 原指明智的人不参与可能给自己带来危险的事，

现在指因怕犯错误或有损自己利益而对原则性问题不置可否的处世态度。

身家性命 身：自身；家：家庭。指自身和全家人的性命。

命世之才 原指顺应天命而降世的人才。后多指名望才能为世人所重的杰出人才。亦作“命世之英”、“命世之雄”。

才疏志大 才干有限而抱负很大。

大功告成 功：事业。指巨大工程或重要任务宣告完成。

【典故】

明哲保身

王羲之又名王右军，他小时候很受大将军王敦的喜爱，因此王将军经常安排他在自己的营帐睡觉。有一天，王右军睡着还没起来，王将军屏退左右，就在营帐和钱凤商量军机大事，其间谈到了叛变谋反计划。此时王右军醒来，听到了他们的言论，他急中生智，用口水打湿枕头，装做睡得正熟的样子。王将军商议多时，突然想起王右军还在帐内，为免暴露机密决定把王右军杀掉。但当他来到帐内，发现王右军睡在床上，口水流得满床都是，于是觉得王右军刚才肯定什么都没听到，便没有杀他。王右军即保全了性命。

我们不能不赞叹王羲之的才智。联系当今社会，我们面临的危难亦不少。有时我们不妨学习王羲之的明哲保身，处乱不惊，选择有效的方法躲避灾祸。

第34课 成己成物

成己成物－物阜民康－康哉之歌－歌舞升平
平心而论－论长道短－短褐不全－全福远祸
祸不单行－行百里者半于九十－十不当一
一草一木－木本之谊－谊不敢辞－辞鄙意拙

【释义】

成己成物　自身有所成就，也要使自身以外的一切有所成就。

物阜民康　阜：丰富。物产丰富，人民安康。

康哉之歌　康：太平。泛指太平颂歌。

歌舞升平　升平：太平。边歌边舞，庆祝太平。有粉饰太平的意思。

平心而论　平心：心情平和，不动感情；论：评论。平心静气地给予客观评价。

论长道短　议论别人的是非好坏。

短褐不全　短褐：粗麻布短衣。粗布短衣还破旧不完整。形容生活贫苦。

全福远祸　远：避开。旧时做官得意时，为免除官场钩心斗角的祸患而及时引退，以保全既得利益。比喻保全已得的幸福，避开祸患。

祸不单行　祸：灾难。指不幸的事接二连三地发生。

行百里者半于九十　走一百里路，走了九十里才算是一半。比喻做事越是接近成功越要认真对待。

十不当一　十个不抵一个。谓人虽多但不顶用。

一草一木 比喻极微小的东西。

木本之谊 谓宗族情义。

谊不敢辞 犹言义不容辞。道义上不允许推辞。

辞鄙意拙 鄙：粗俗、低劣；意：意思；拙：拙劣。文辞庸俗，立意拙劣。

【典故】

祸不单行

这个典故是以前看到的一个有关王羲之的对联里的。说是王羲之的书法太好，写的春联总是被人悄悄地揭走。于是王羲之便写了“福无双至，祸不单行”这副对联贴在门上。大家看这对联不吉利，便没有人去揭了。年初一一早，王羲之便在这副对联下面添了几个字，便成了“福无双至今日至，祸不单行昨夜行”。众人这才知道王羲之的巧思，皆拍手称妙。

第35课 拙贝罗香

拙贝罗香－香车宝马－马到成功－功败垂成
成败论人－人才难得－得不偿失－失道寡助
助边输财－财不露白－白白朱朱－朱陈之好
好梦难成－成败荣枯－枯木再生－生事扰民

【释义】

拙贝罗香 安息香的别名。

香车宝马 华丽的车子，珍贵的宝马。指考究的车骑。

马到成功 形容事情顺利，刚开始就取得成功。

功败垂成 功：成功；败：失败；垂：接近，快要；成：成功。指事情接近成功的时候却遭到了失败。

成败论人 论：评论，衡量，评定。以成功和失败作为评论人物的标准。

人才难得 有才能的人不容易得到。多指要爱惜人才。

得不偿失 所得的利益抵偿不了所受的损失。

失道寡助 出自“得道者多助，失道者寡助”。道：道义；寡：少。站在正义方面，会得到多数人的支持帮助；违背正义，必陷于孤立。

助边输财 边：边防；输：捐献。捐献财物作巩固边防的费用。

财不露白 露：显露；白：银子的代称。指有钱财不能泄露给别人看。

白白朱朱 白的白，红的红。形容不同种类、色彩各异的花木。

朱陈之好 表示两家结成姻亲。

好梦难成 在睡眠时，要想做个好梦也不是轻而易举的。比喻美好的幻想难以变成现实。

成败荣枯 成功与失败，得志与失意。指人在仕途或事业上的得失荣辱。

枯木再生 枯死的树木又恢复了生命力。比喻历经挫折又获得生机。

生事扰民 制造事端，扰乱民众。指故意寻衅闹事，侵害人民。

【典故】

马到成功

因为过去人们出去办事都是骑马，所以祝福的时候都要用马到成功来表示事情办的顺利。秦始皇于统一全国的第二年，即公元前220年来荣成成山头拜日途中，听说花斑彩石是女娲补天时遗落的神石，能保佑江山稳固，便专程礼拜花斑彩石。当时他率领万马千军，沿着修好的专用驰道，直奔花斑彩石所在处，恭敬而拜。回朝后果然事事如意，天下太平，便龙颜大喜，让百官作诗庆贺。当时便有术士徐福诗曰："万马千军御驰道，始皇拜石得成功。"可惜当时这首文采一般的贺诗没得到秦始皇的青睐和众人的喝彩。但花斑彩石所在的附近沿路却因此称之为"马道"。"马道"地名的出处一是秦始皇曾率万马千军到此拜石，二是秦始皇东巡所修驰道由此经过。一直到了元朝，著名大作家关汉卿慧眼识宝，由"秦皇拜石"的典故创造出了"马到成功"这个成语。他在《五侯宴》这部作品中第一次提到"旗开得胜，马到成功"。由于通俗易懂，朗朗上口，现在已成了人们最喜爱的成语之一。

第36课 民穷财尽

民穷财尽－尽付东流－流风回雪－雪窖冰天
天下一家－家学渊源－源清流洁－洁浊扬清
清茶淡话－话不相投－投笔从戎－戎马仓皇
皇亲国戚－戚戚具尔－尔汝之交－交臂失之

【释义】

民穷财尽 人民穷困，国家财富也消耗完了。

尽付东流 比喻完全丧失或前功尽弃。

流风回雪 指轻逸飘摇的样子。

雪窖冰天 窖：收藏东西的地洞。到处是冰和雪。形容天气寒冷，也指严寒地区。

天下一家 视天下人为一家，和睦相处。也指全国统一。

家学渊源 家学：家中世代相传的学问；渊源：原指水源，比喻事情的本源。家世学问的传授有根源。

源清流洁 源头的水清，下游的水也清。原比喻身居高位的人好，在下面的人也好。也比喻事物的因果关系。

洁浊扬清 犹激浊扬清。比喻清除坏的，发扬好的。

清茶淡话 清：清淡。喝着清茶随意闲聊。形容待客亲切随和。

话不相投 犹言话不投机。形容话说不到一起。

投笔从戎 投：扔掉。指弃文从武，投身疆场，为国立功，施展抱负。

戎马仓皇 指战事紧急而忙于应付。

皇亲国戚 皇家的亲属。国戚：皇帝的外戚，即后妃的家族。泛指皇帝的家庭和亲戚。也比喻极有权势的人。

戚戚具尔 戚戚：互相亲爱的样子；具：俱，都；尔：迩，靠近。指兄弟友爱。

尔汝之交 尔汝：古人彼此以尔汝相称，表示亲昵。指交情亲密，不拘形迹。

交臂失之 比喻遇到了机会而又当面错过。

【典故】

投笔从戎

班超是东汉一个很有名气的将军，他从小就很用功，对未来也充满了理想。有一天，他正在抄写文件的时候，写着写着，突然觉得很闷，忍不住站起来，丢下笔说："大丈夫应该像傅介子、张骞那样，在战场上立下功劳，怎么可以在这种抄抄写写的小事中浪费生命呢！"

傅介子和张骞两个人，生在西汉，曾经出使西域，替西汉立下无数功劳。

因此，班超决定学习傅介子、张骞，为国家奉献自己。后来，他当上一名军官，在对匈奴的战争中取得胜利。接着，他建议和西域各国来往，以便共同对付匈奴。朝廷采取他的建议，就派他带着数十人出使西域。在西域的三十多年中，他靠着智慧和胆量，度过各式各样的危机。

班超一生总共到过五十多个国家，和这些国家保持和平，也同时宣扬了汉朝的国威。

第37课 之子于归

之子于归－归忌往亡－亡不旋踵－踵事增华
华颠老子－子孝父慈－慈悲为本－本本源源
源源不断－断编残简－简忽所见－见事生风
风尘之变－变态百出－出言吐气－气焰熏天

【释义】

之子于归 之子：之，这；子：古代兼指儿女，在这里专指女性后代；于归：古代指女子出嫁。归者，回也，古人认为，女子嫁到夫家，才是真正意义上的回到了家，即，夫家才是一个女子的最终归宿。文人用“于归”这古香古色的词语，作为“嫁人”的替代语，用在婚礼、婚宴上，表示对新人，特别是新娘子的祝福，是很有品位的。

归忌往亡 归：回；忌：忌讳；往亡：旧黄历上不吉利的日子。旧时指不宜回家的忌日。

亡不旋踵 指迅速灭亡。不旋踵：来不及转脚跟，形容时间极短。

踵事增华 踵：追随，继续。继续前人的事业，并使更加完善美好。

华颠老子 华：花白；颠：头顶。指头发花白的老人。

子孝父慈 儿女孝顺，父母慈爱。同“父慈子孝”。

慈悲为本 慈悲：慈善和怜悯。原佛教语，以恻隐怜悯之心为根本。

本本源源 原原本本。
源源不断 形容接连不断。多用于事物，而少用于人。
断编残简 编：穿简的细长皮条；残：残缺；简：古代用来写字的竹片。指残缺不全的书籍文章。
简忽所见 简忽：怠慢疏忽；见：见解。指肤浅的见解。
见事生风 形容遇到事情，兴风作浪。
风尘之变 风尘：比喻战乱。指战争的灾乱。
变态百出 形容事物形态变化之多。
出言吐气 犹言谈吐。指说话。
气焰熏天 气焰：气势。形容盛气凌人，十分傲慢。

【出处】

慈悲为本

“慈悲为本”出自《南齐书·高逸传论》：“今则慈悲为本，常乐为宗，施舍惟机，低举成敬。”

踵事增华

“踵事增华”出自南朝梁代萧统《文选序》：“盖踵其事而增华，变其本而加厉。物既有之，文亦宜然。”

出言吐气

“出言吐气”出自南唐时期刘崇远《金华子杂编》卷上：“（魏公）与国夫人卢氏偶坐于堂，公忽微笑不已，夫人讶而讯之，曰：‘此中有乐人孙子，多出言吐气，甚令人笑。’”

第38课 天旋地转

天旋地转－转败为功－功若丘山－山溜穿石
石赤不夺－夺戴凭席－席不暇暖－暖衣饱食
食不果腹－腹饱万言－言行若一－一技之长
长驱直进－进奉门户－户曹参军－军不厌诈

【释义】

天旋地转 ①比喻时局大变。②形容气势宏大。③形容晕眩。④形容闹得很凶。

转败为功 指将失败转化为胜利。

功若丘山 功：功绩；若：像，如同。功绩像山一样。比喻功绩非常大。

山溜穿石 山里的滴水可以把石头滴穿。比喻只要有决心有毅力，事情就可以成功。

石赤不夺 石质坚硬，丹砂色鲜红，均不可改变。比喻意志坚定不移。

夺戴凭席 原指讲经辩难时，辩胜者夺取他人的坐席。后指成就超过他人。也比喻在辩论中压倒众人。

席不暇暖 暇：空闲。连坐席还没有来得及坐热就起来了。形容很忙，多坐一会儿的时间都没有。

暖衣饱食 形容生活宽裕，衣食丰足。

食不果腹 果：充实，饱。指吃不饱肚子。形容生活贫困。

腹饱万言 指学识渊博。

言行若一 说的和做的完全一个样。指人表里如一。

一技之长 技：技能；长：擅长。指有某种技能或特长。

长驱直进 犹言长驱直入。

进奉门户 献纳费。进献时经由门户所需的费用。

户曹参军 专管户籍的州县属官。

军不厌诈 厌：厌弃，排斥；诈：蒙骗。用兵作战时当尽量使用欺诈等计谋来迷惑敌人。

【典故】

席不暇暖

《淮南子·修务训》：“孔子无黔突，墨子无暖席。”

唐代韩愈《争臣论》：“孔席不暇暖，而墨突不得黔。”

《南朝宋·刘义庆·世说新语·上卷·德行第一》：“陈仲举言为士则，行为世范，登车揽辔，有澄清天下之志。为豫章太守，至，便问徐孺子所在，欲先看之。主薄曰：‘群情欲府君先入廨。’陈曰：‘武王式商容之间，『席不暇暖』。吾之礼贤，有何不可！’”

陈蕃被任命为豫章太守。豫章有位贤才，名叫徐稺。陈蕃一到达豫章就叫人去打听这位贤才住处，准备去拜访他。来迎接陈蕃的一位官员知道后，对陈蕃说：“大人请先安顿好家眷再说。徐先生就住在城里，过几天再去拜访也不迟。”陈蕃回答说：“从前周武王灭纣以后，一进城就去登商朝贤臣商容家的门。他求贤心切，可说是连席子也来不及坐暖。我学古人礼贤下士，上门拜访，有什么不可以的！”

第39课 诈败佯输

诈败佯输－输财助边－边尘不惊－惊才绝艳
艳绝一时－时不可失－失而复得－得心应手
手眼通天－天崩地裂－裂裳裹足－足不出户
户告人晓－晓风残月－月锻季炼－炼石补天

【释义】

诈败佯输 诈、佯：假装。假装败阵，引人上当。

输财助边 输：捐献；边：边防。捐献财物作巩固边防的费用。

边尘不惊 比喻边境安定无战事。

惊才绝艳 形容才华惊人，文辞瑰丽。

艳绝一时 姿色娇美，冠绝一代。

时不可失 时：时机，机会；失：错过。抓住时机，不可错过。

失而复得 失去了而又得到。

得心应手 得：得到，想到；应：反应，配合。心里怎么想，手上就能相应怎么做。比喻技艺纯熟，做起事情来非常顺利。

手眼通天 比喻办法多，手段高明。

天崩地裂 像天塌下、地裂开那样。比喻重大的事变。

裂裳裹足 裂：破裂；裹：包裹。指奔走急切。

足不出户 脚不跨出家门。

户告人晓 让每家每人都知道。

晓风残月 ①拂晓时的清风，残余的月影。形容冷落清凉的意境。常借以抒写离情。②“杨柳岸，晓风残月”

为宋柳永《雨霖铃》词中名句。后用以指代词曲。③指婉约的诗词风格。

月锻季炼 锻、炼：加工锤炼。形容长时间地加工修改。

炼石补天 炼：用加热的方法使物质纯净或坚韧。古神话，相传天缺西北，女娲炼五色石补之。比喻施展才能和手段，弥补国家以及政治上的失误。

【典故】

得心应手

古时，师襄弹琴，鸟儿会随着乐声而舞，鱼儿跃出水面倾听。郑国的师文听说后，就去拜师襄为师学琴。

师文学了三年，柱指钧弦，却弹不出一首完整的曲子。师襄无奈地说："你可以回家去了。"师文扔掉琴，叹息道："我不是不会指法，也不是不能完整地弹一首曲子。而是我心不在琴弦上，心里也没有音乐。由于内心找不到音乐的感受，所以手指就不能和琴弦相配合了。你再给我一些时间，让我找一找音乐的感受。"

过了不久，师文回来见师襄。师襄说："你的琴练得如何？"师文告诉他："我已找到音乐的感受，请听我弹一曲。"

当春天时叩击商弦弹南吕调，凉风突起，草木都结出了果实。秋天时叩击角弦弹夹钟调，和风徐徐地吹起，花草树木都开花发芽了。夏天时叩击羽弦弹黄钟调，霜雪交下，河塘里都结冰了。冬天时叩击徵弦弹蕤宾调，阳光变得炽热，厚厚的冰块一下就融化了。一曲将终时，则以宫弦为主与其他四弦一并奏起，这时吹来了和丽的风，天空中飘着吉祥的云朵，降下了甘露，地下涌出了清清的泉水。

师襄抚心高蹈说："你的弹奏真是妙啊！即使师旷之清角，邹衍之吹律，也比不上你。我得挟琴执管向你学琴了。"

第40课 天道人事

天道人事－事不过三－三拜九叩－叩阍无计
计不反顾－顾盼生辉－辉煌夺目－目不旁视
视而不见－见德思齐－齐大非偶－偶影独游
游山玩水－水至清则无鱼－鱼大水小

【释义】

天道人事 天道：天理；人事：人力所能做到的事。天道人事不可违背。意谓大势所趋。

事不过三 指同样的事不宜连作三次。

三拜九叩 指封建社会进见帝王及祭拜祖先的大礼。

叩阍无计 叩：敲；阍：宫门。无法敲到宫廷的门。形容百姓无处申冤。

计不反顾 指不作回头、后退的打算。同“计无返顾”。

顾盼生辉 形容眉目传神，姿态动人。同“顾盼生姿”。

辉煌夺目 夺目：耀眼。形容鲜艳耀眼。也用来形容某些艺术作品和艺术形象的极高成就。

目不旁视 眼睛不往别处看。形容精神集中，专心致志。

视而不见 指不注意，不重视，睁着眼却没看见。也指不理睬，看见了当做没看见。

见德思齐 见到德才兼备的人就想赶上他。同“见贤思齐”。

齐大非偶 指辞婚者表示自己门第或势位卑微，不敢高攀。

偶影独游 偶：配偶，伴侣。以影为伴，独自游览。比喻孤单。

游山玩水 游览、玩赏山水景物。

水至清则无鱼 水太清了，鱼就无法生存，要求别人太严格了，就没有伙伴。现在有时用来表示对人或物不可要求太高。也说“水清无鱼”。后人多用此告诫人们指责人不要太苛刻、看问题不要过于严厉，否则，就容易使大家因害怕而不愿意与之打交道，就像水过于清澈养不住鱼儿一样。

鱼大水小 比喻生产不够消费。也比喻机构臃肿，行动不灵。

【典故】

齐大非偶

春秋时代，齐僖公想把自己的女儿嫁给郑国的太子忽。太子忽推辞说：“每个人都有自己的配偶，齐国是个大国，不是我的配偶。”

后来北戎部落入侵齐国，齐国向郑国求援，太子忽率领郑国的军队，帮助齐国打败了北戎。齐僖公又提起这件事，太子忽坚决推辞。

别人问他，他说：“以前没有帮齐国忙的时候，我都不敢娶齐侯的女儿。今天奉了父王之命来解救齐国之难，娶了妻子回去，这不是用郑国的军队换取自己的婚姻？郑国百姓会怎么说我！”就辞别而去。

初级练习

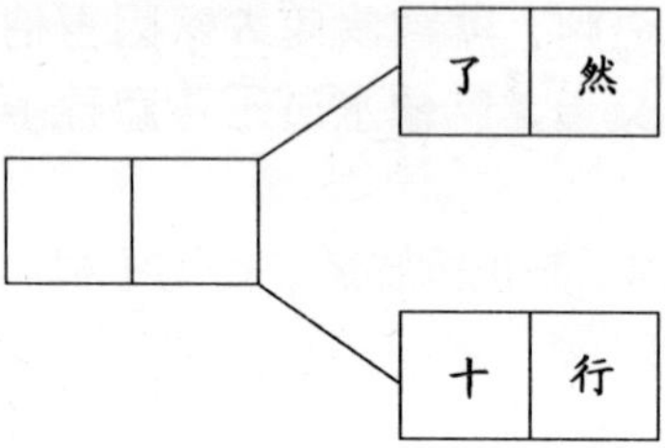

第 1 题

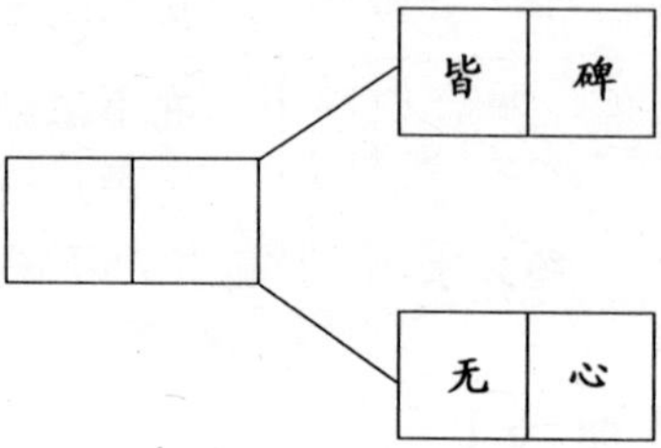

第 2 题

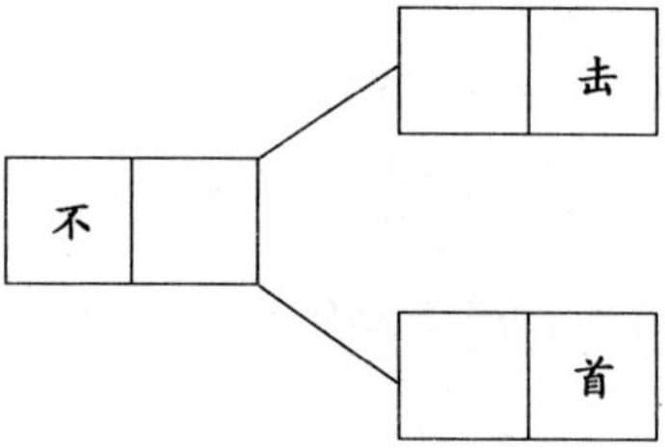

第 3 题

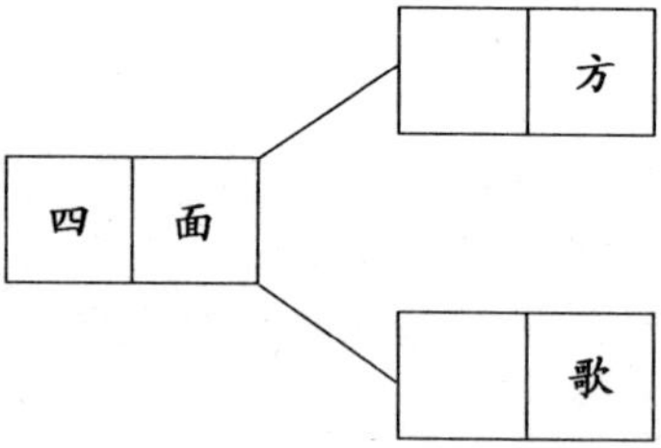

第 4 题

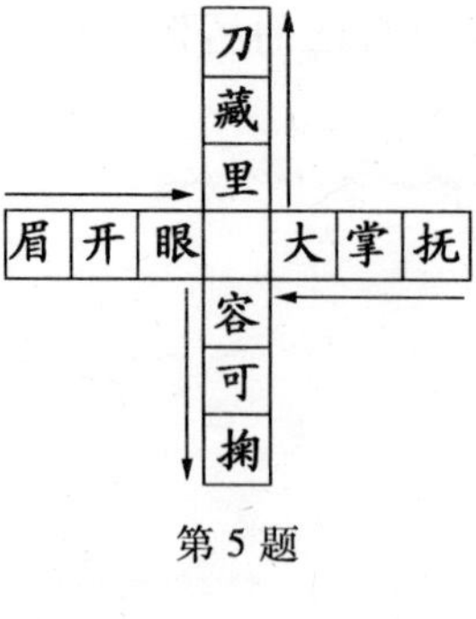

第 5 题

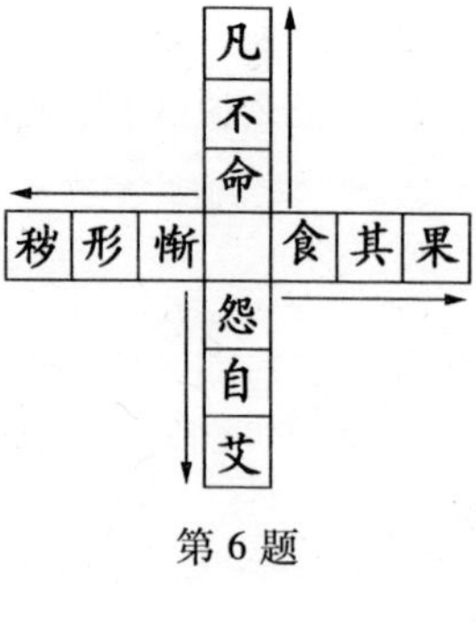

第 6 题

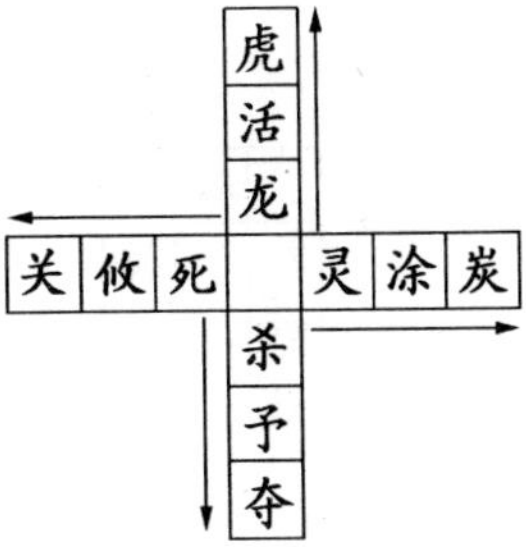

第 7 题

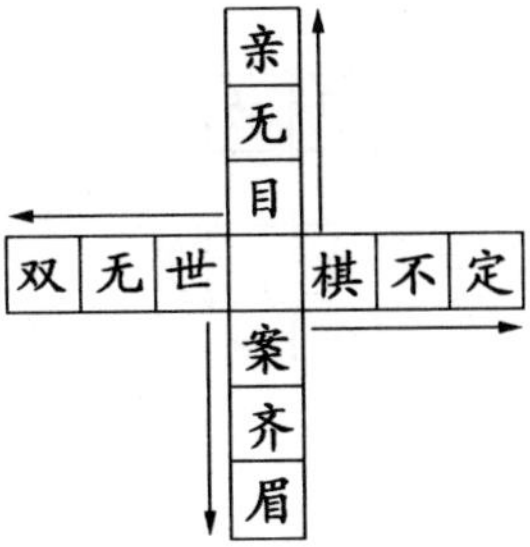

第 8 题

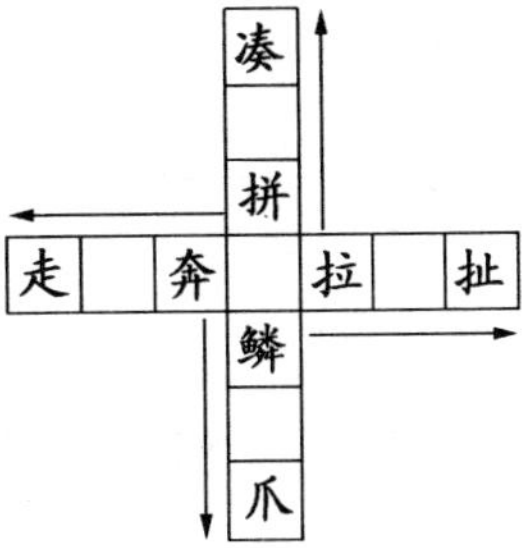

第 9 题

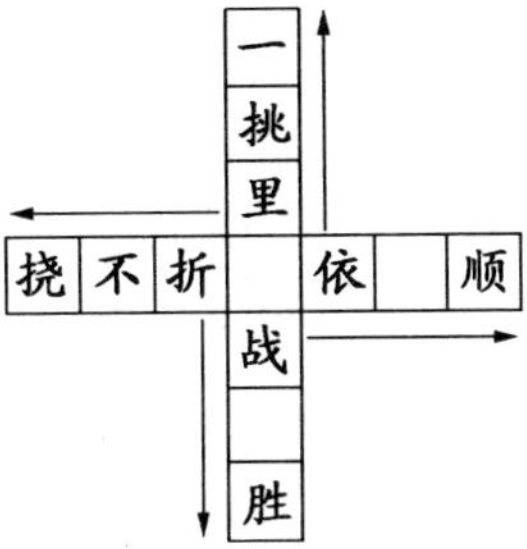

第 10 题

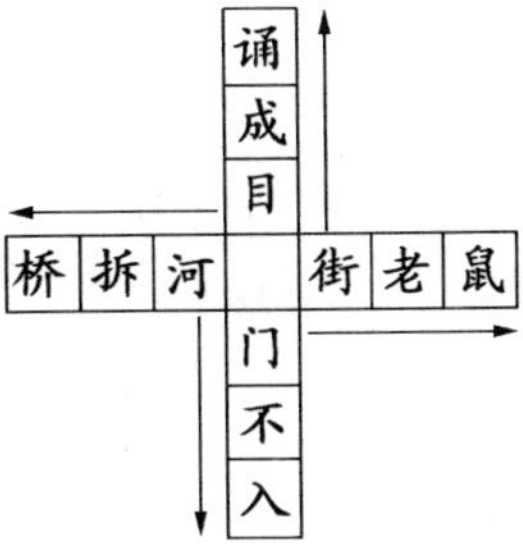

第 11 题

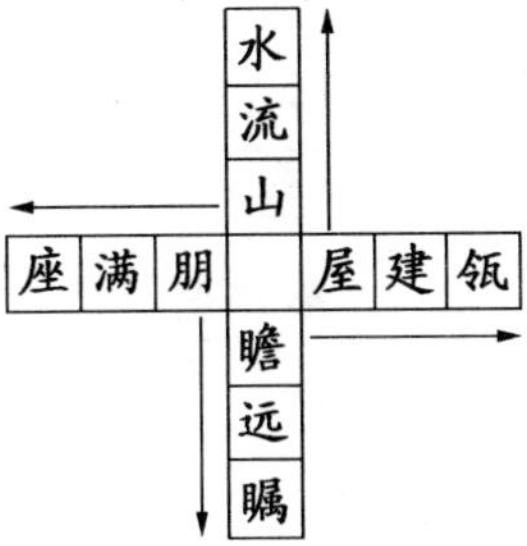

第 12 题

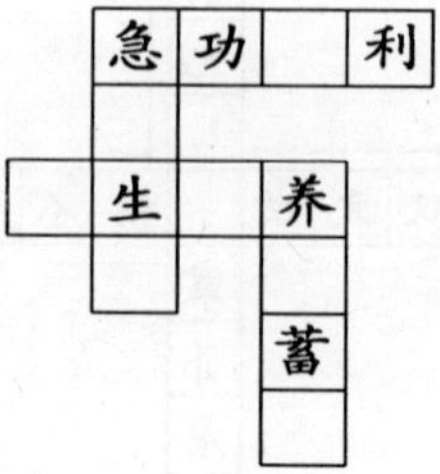

第 13 题

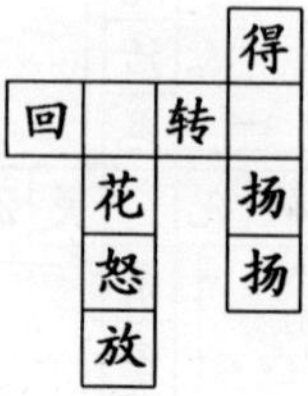

第 14 题

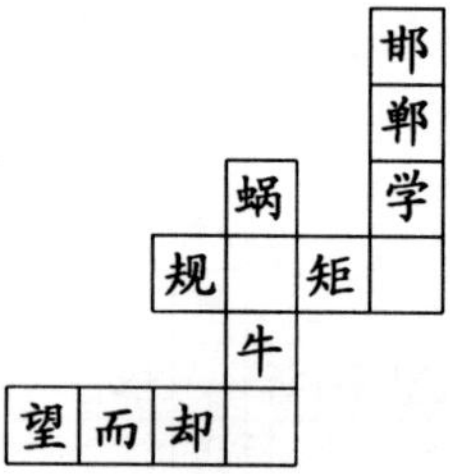

第 15 题

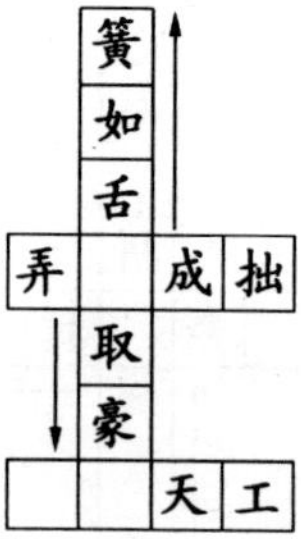

第 16 题

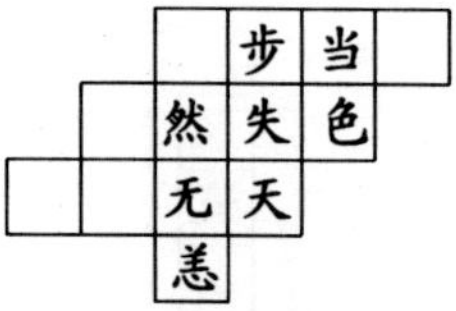

第 17 题

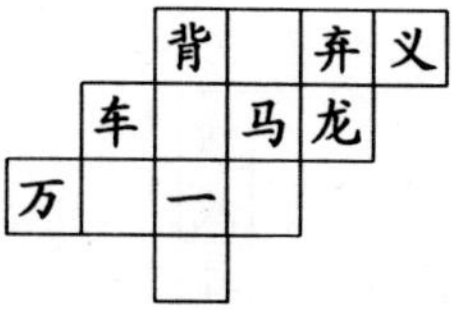

第 18 题

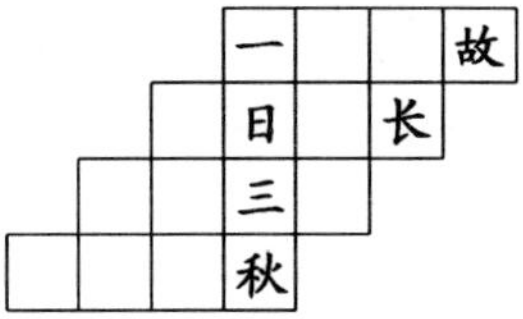

第 19 题

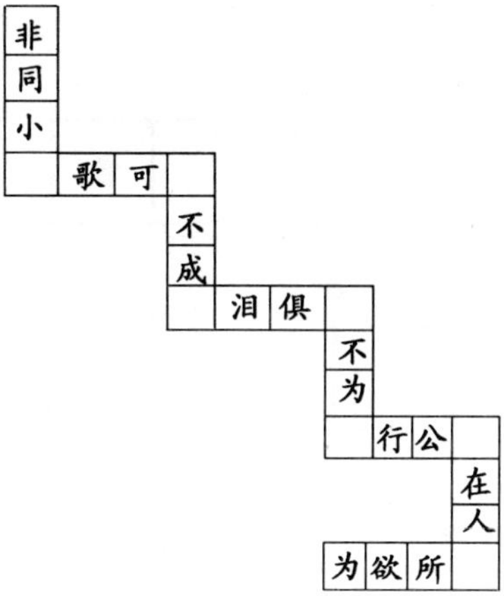

第 20 题

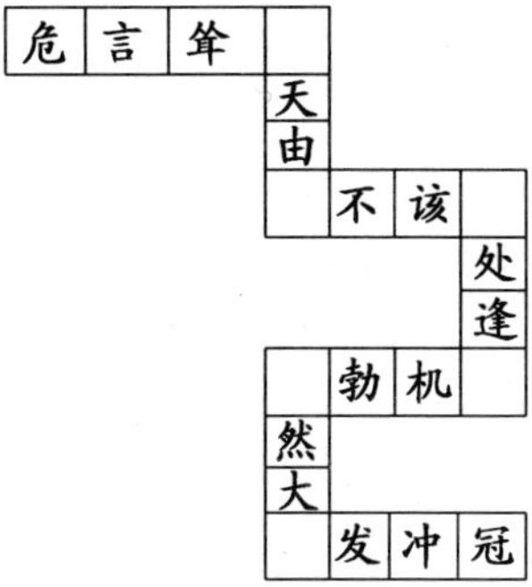

第 21 题

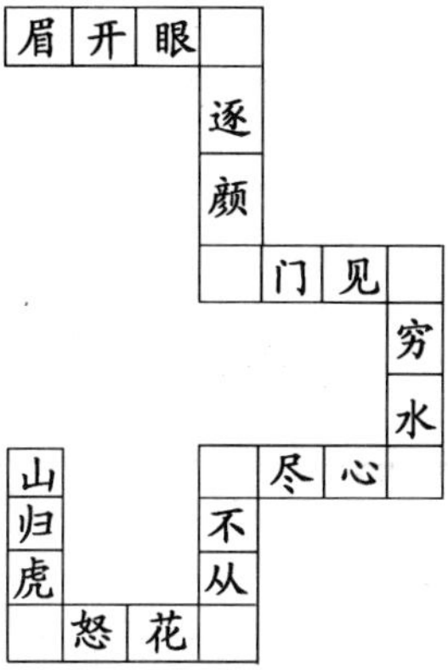

第 22 题

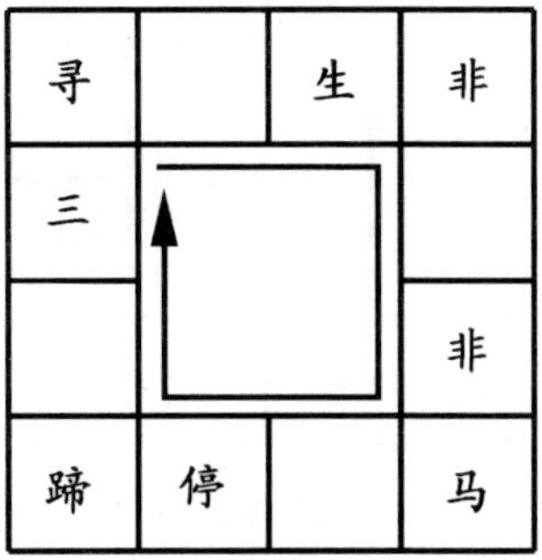

第 23 题

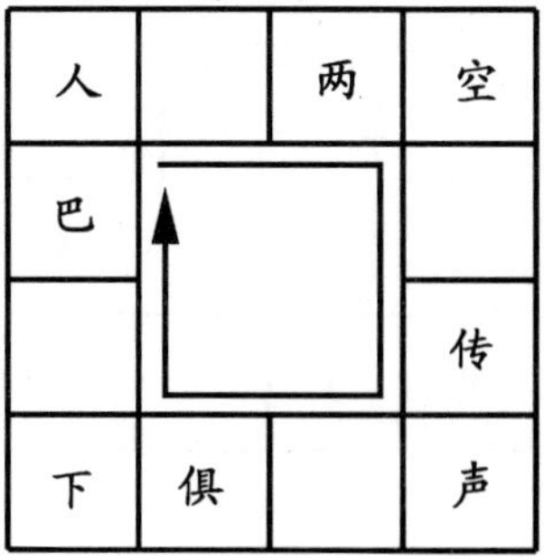

第 24 题

四		八	稳
下			
			泰
低	水		山

第 25 题

日		风	和
白			
			细
青	天		雨

第 26 题

信		开	河
无			
			门
言	千		下

第 27 题

黄		一	梦
珠			
			以
人	一		求

第 28 题

风		一	世
东			
			书
马	宝		香

第 29 题

地		天	长
酒			
			难
花	黄		明

第 30 题

力		从	心
合			
			气
同	不		和

第 31 题

明		故	问
分			
			之
是	自		师

第 32 题

一		带	水
挑			
			渠
万	上		成

第 33 题

下		投	石
齐			
			大
双	无		海

第 34 题

月	黑		高
			山
年			
长		远	水

第 35 题

	翅	难	飞
乌			苍
子	孺		黄

第 36 题

心		意	足
应			
			足
口	充		食

第 37 题

扬		吐	气
飞			
			斗
神	蛇		牛

第 38 题

对		弹	琴
成			棋
成	不		画

第 39 题

刻		求	剑
三			
			琴
一	如		心

第 40 题

心		如	一
人			
			孤
木	就		行

第 41 题

青		皂	白
天			
			阳
雨	化		春

第 42 题

恩	重	如		高	水	
之						绳
遇						系
地						月
知						入
	滔	恶		其	壁	

第 43 题

恶	语	伤		千	人	
极						众
凶						一
计						平
屈						气
	合	心		不	而	

第 44 题

	处	逢		离	死	
义						无
断						长
之						是
遇						人
	而	想		小	同	

第 45 题

	骨	铭		神	不	
三						于
时						一
如						己
口						卑
	一	下		天	间	

第 46 题

第 47 题

第 48 题

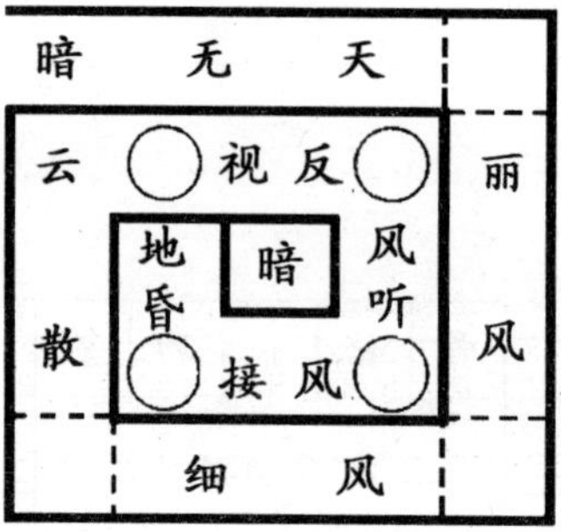

第 49 题

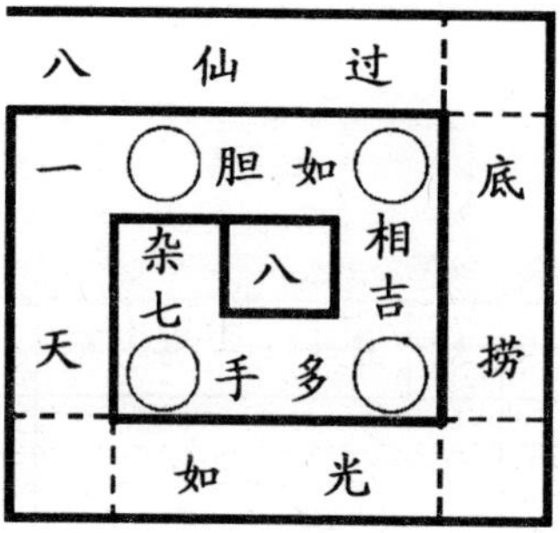

第 50 题

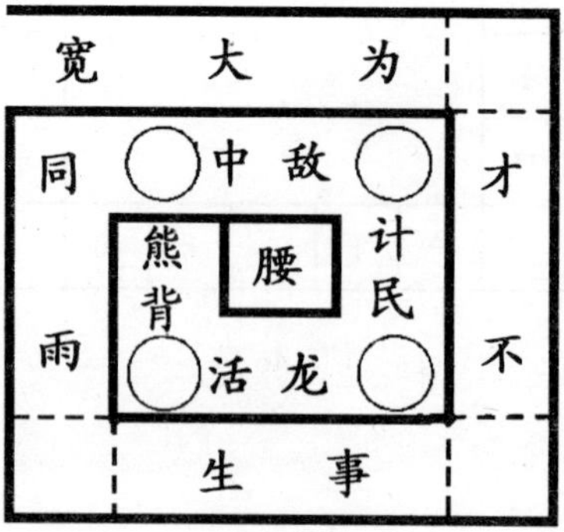

第 51 题

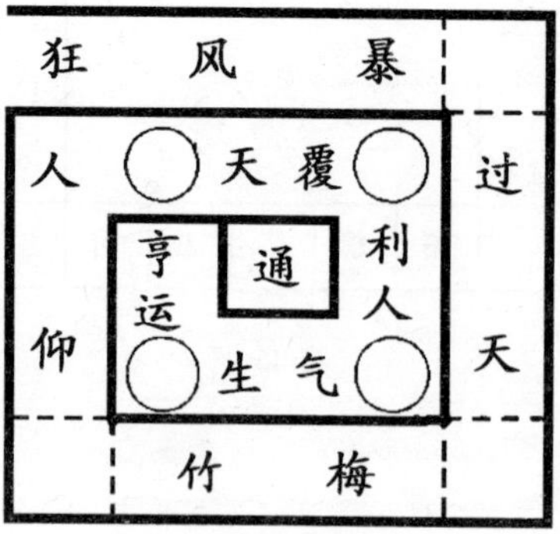

第 52 题

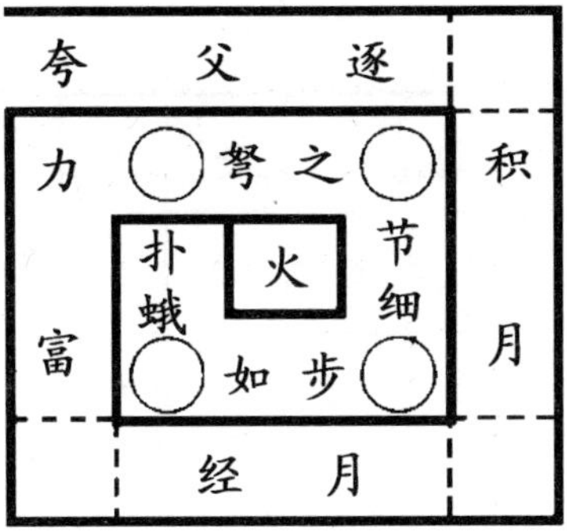

第 53 题

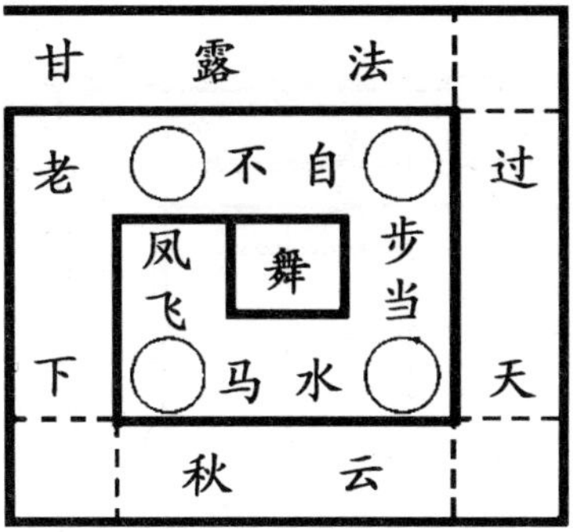

第 54 题

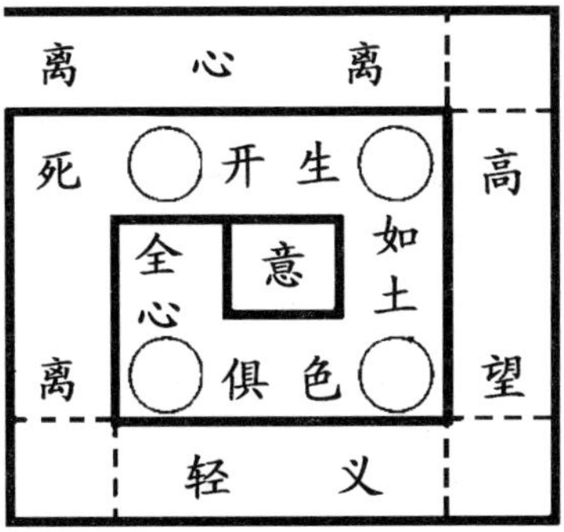

第 55 题

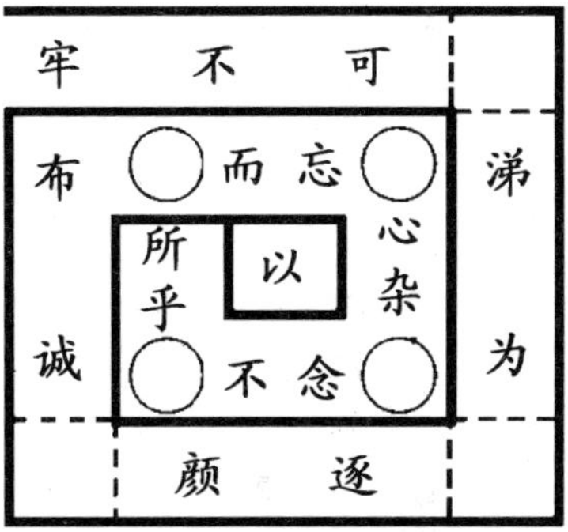

第 56 题

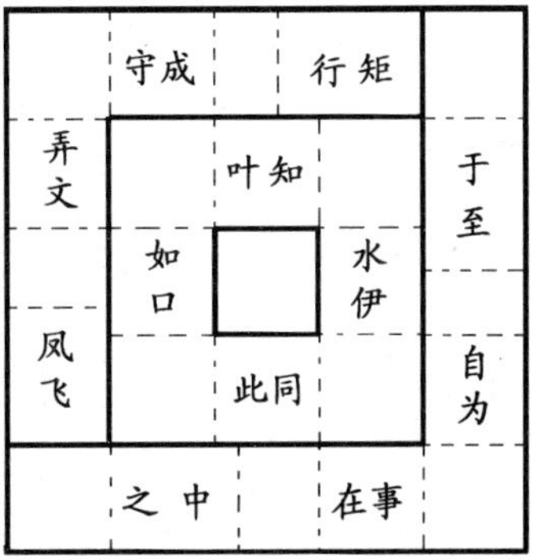

第 57 题

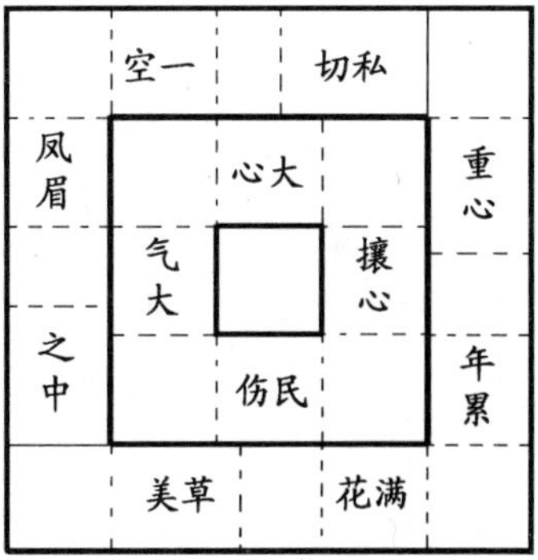

第 58 题

地	久	天	
辈		人	年
才	地	头	累
	老	下	

第 59 题

爱		分	明
	远	走	
重	飞		保
任	数		身

第 60 题

明		张	胆
照	人		小
	畏	可	如
光		目	

第 61 题

非	同	小	
光		是	心
扬	非	大	如
	风	气	

第 62 题

欲		不	能
口	呆		
	鸡	木	会
目	以		道

第 63 题

高		流	水
复	生		
	息	不	石
死	入		出

第 64 题

劳		功	高
无	措		
	及	不	在
手	其		上

第 65 题

秋	水	伊	
不		叶	非
口	秋	知	草
	灰	形	

第 66 题

市		小	人
色	飞	来	中
	祸		之
神	精	马	

第 67 题

人		其	才
风	发	人	
	省		双
意	全		全

第 68 题

暗	箭	伤	
包		昏	命
胆	暗	地	关
	国	香	

第 69 题

二	分	明	
如		般	朗
口	二	无	风
	悦	耳	

第 70 题

穷	途	末	
尽		屈	人
心	穷	计	皆
	不	无	

第 71 题

出	生	入	
精		入	心
大	出	浅	塌
	物	大	

第 72 题

覆	水	难	
接		翻	视
光	覆	地	反
	听	风	

第 73 题

红	杏	出	
人		紫	面
千	红	千	而
	达	人	

第 74 题

本		倒	置
望	外		若
	干	中	
喜	则		闻

第 75 题

干	云		日
石	出		暮
	死	入	
水		山	穷

第 76 题

冰	清	玉	
如		上	己
焦	冰	弄	爱
	此	同	

第 77 题

得	过	且	
逆		满	目
意	得	气	不
	所	乎	

第 78 题

	志	不	在	年	
的		成	所		谈
放	四			力	阔
矢		统	辞		论

第 79 题

无	志		活	百	
动		口	灵		月
	才	无		归	如
衷	疏		现	海	流

第 80 题

天	下		难	事
真		法		出
	为	无	可	
漫		天		因

第 81 题

只		有		人
	硬	备	平	
朝		无		辈
夕	软		和	出

第 82 题

清	明	时	节	雨	纷	纷
	知	不		过	乱	
妙		我	胜	天		沓
舞	问		利		麻	来

第 83 题

路	上	行	人	欲	断	魂
不	蹿	若		擒	章	飞
	下		势		取	
遗		事	众	纵		散

第 84 题

	问	酒	家	何	处	
题		囊	常	足		目
发	无		便		积	共
挥	愧	袋		齿	虑	睹

第85题

牧	童	遥		杏	花	村
豕	颜		手		好	夫
听		呼	画	桃		野
	发	应	脚	腮	圆	

第86题

	二		四		六		八		十		千	
日		长		湖		手		牛		发		事
	其		八		无		威		九		百	
里		短		海		脚		毛		中		吉

第87题

一		三		五		七		九		百		万
	姓		海		根		拜		年		辛	
二				投		六		不		一		千
	好	行	家		净		交		窗		苦	

第88题

中级班

第1课 小家碧玉

小家碧玉－玉成其事－事无二成－成家立计
计功行赏－赏心悦目－目不忍睹－睹景伤情
情见乎言－言之有故－故步自封－封刀挂剑
剑拔弩张－张本继末－末如之何－何其相似乃尔
尔雅温文－文房四艺－艺不压身－身不由主
主次不分－分崩离析－析辨诡词－词不达意

【释义】

小家碧玉 碧玉：原为人名。后以“小家碧玉”称小户人家的美貌少女。

玉成其事 玉成：成全，内含客气的意思。成全那件事情。

事无二成 谓公事和私事不能两全。

成家立计 犹言成家立业。

计功行赏 按功劳的大小给予奖赏。

赏心悦目 心：使心情舒畅；悦目：看了舒服。指看到美好的景色而心情愉快。

目不忍睹 眼睛不忍看，形容景象很凄惨。

睹景伤情 睹：看到。看到景物触发起伤感之情。

情见乎言 情感表现在言辞当中。同“情见乎辞”。

言之有故 所说的话有根据。同“言之成理”。

故步自封 故：旧；故步：旧时行步之法，引申为旧法；封：限制在一定的范围内。比喻守着老一套，不求进步。

封刀挂剑 比喻运动员结束竞技生涯，不再参加正式比赛。

剑拔弩张 张：弓上弦。剑拔出来了，弓张开了。原形容书法笔力遒劲。后多形容气势逼人，或形势紧张，一触即发。

张本继末 把事情的本末说明白。

末如之何 犹言无法对付，无可奈何。

何其相似乃尔 二者多么相像，竟然到了这样的地步。形容十分相像。

尔雅温文 同“温文尔雅”。温文：态度温和，有礼貌；尔雅：文雅。形容人态度温和，举动斯文。现有时也指缺乏斗争性，做事不大胆泼辣，没有闯劲。

文房四艺 指琴、棋、书、画。

艺不压身 艺：技艺。技艺不会压垮身体。比喻人学会的技艺越多越好。

身不由主 身体不由自己做主。

主次不分 指人办事盲目，不分轻重。

分崩离析 分：分裂；崩：倒塌；离：解体；析：分开。崩塌解体，四分五裂。形容国家或集团组织四分五裂，支离破碎，不堪收拾。

析辩诡词 指巧言邪说。

词不达意 词：言词；意：意思。指词句不能确切地表达出意思和感情。

【典故】

故步自封

“故步”见于《汉书·卷一〇〇·叙传上》。内容是在叙述东汉文学家班彪小时跟着堂哥班嗣求学。班嗣家中藏书很多，许多人都来他家借书。班嗣虽然也修习儒学，但较喜欢老庄的学说，认为老庄学说崇尚自然淡泊，不追逐世俗看重的一切，和儒家讲求的忠孝仁义不同。所以当有人向他借老庄的书来看时，他便劝这位朋友打消这个念头。既然已经学习儒家思想了，就不要再读老庄，免得像《庄子》里的燕国人一样，要学赵国人优雅的步姿，结果非但没学成，连自己原本走路的方式都忘了，只好爬着回国。这里的典源用了“故步”。

“自封”见于晋·庾阐《断酒戒》。作者在文中阐述戒酒的原因，认为酒瘾一上来就放纵自己喝酒，会伤害纯真自然的本性。于是作者便将酒杯、酒壶等一切酒器打破，以表示自己戒酒的决心。有个酗酒的朋友听了这件事，气得反驳他说：“酒自古以来都是为人所爱，连古代圣贤也不例外，他们也不至于丧失本性。你把酒器打破，做这样的自我限制，不过是忌口，但心里还是想着它，又有什么用?”庾阐回答说：“人生下来时没有任何欲望，但后来欲望慢慢养成，都是受到周围物的影响。如果把这些诱因铲除，心就不会蠢蠢欲动。心能静得下来就会快乐，不会受到欲望的干扰。所以忌口不只是忌口而已，也能忌心。”朋友听了觉得很有道理，连连称是。这里的典源用了“自封”。

第2课 意在笔先

意在笔先－先辨淄渑－渑池之功－功一美二
二童一马－马如游龙－龙跃凤鸣－鸣鼓而攻
攻心为上－上方宝剑－剑胆琴心－心如止水
水涨船高－高歌猛进－进退无路－路见不平
平安家书－书读五车－车驰马骤－骤风暴雨
雨打梨花－花朝月夕－夕惕朝乾－乾坤一掷

【释义】

意在笔先 意：构思。构思在落笔之前。指写字、作画、为文，先构思再动笔。

先辨淄渑 淄、渑为临淄一带的两条河，二水味道不同，合流后不易分辨。味觉将要失去的人，能辨别二水的味道。比喻物极必反。

渑池之功 渑池：古城名，在今河南渑池县南。本指战国时赵国蔺相如在渑池会上不畏秦王，为赵国立下功勋。后泛指为国立下巨大功勋。

功一美二 功：功绩。做一方面的事情而取得两方面的美名。

二童一马 用以指少年时代的好友。

马如游龙 形容人马熙熙攘攘的景象。

龙跃凤鸣 像龙在腾跃，凤凰在高鸣。比喻才华出众。

鸣鼓而攻 谓宣布罪状而加以声讨。

攻心为上 从思想上瓦解敌人的斗志为上策。

上方宝剑 皇帝用的宝剑。戏曲和近代小说中常说持有皇帝赏赐的上方宝剑的大臣，有先斩后奏的权力（上方：制作或储藏御用器物官署）。现多比喻上级特许的权力。

剑胆琴心 比喻既有情致，又有胆识（旧小说多用来形容能文能武的才子）。

心如止水 形容心境平静，毫无杂念。

水涨船高 水位升高，船身也随之浮起。比喻事物随着它所凭借的基础的提高而增长提高。

高歌猛进 高声歌唱，勇猛前进。形容在前进的道路上，充满乐观精神。

进退无路 前进无路，后退也无路。形容处境十分困难，进退两难，无处容身。

路见不平 指见到不平的事。

平安家书 报告家人平安的书信。

书读五车 形容读书多，知识丰富。

车驰马骤 形容车马奔驰迅猛。

骤风暴雨 来势急遽而猛烈的风雨。

雨打梨花 雨打：比较大的雨水或暴雨形成的冲击。梨花：多年生本科植物，春天开花，花白如雪，又因梨花娇美，象征春天的风景线之一，又用来形容女性的美丽。比喻雨后凌乱不堪的狼狈情景。泛指女性因为伤心或高兴时候流泪的场景，借喻手法。

花朝月夕 有鲜花的早晨，有明月的夜晚。指美好的时光和景物。旧时也特指农历二月十五和八月十五。

夕惕朝乾 指终日勤谨谨慎，不敢懈怠。

乾坤一掷 乾坤：天下；掷：扔，投。把天下作为一次赌注。形容下的赌注极大。

【典故】

先辨淄渑

列子认为，眼睛快要失明的人，能先看到细微的秋毫；耳朵将要失聪的人，能先听到蚊子一类昆虫的飞声；味觉将要失去的人，能先辨别淄水和渑水的差异（临淄境内有淄、渑二水。淄水，从临淄齐国故城东部流过；渑水与淄水同源，到齐故城大城西北部分流。二水味道不同，合流后不易分辨）；鼻子将要窒息的人，能先觉察到火焦木朽的气味；身体将要僵死倒地的人，能先急迫奔走；神思将要迷乱的人，能先辨别是非。事物不发展到极端，就不会向相反的方向转化。一个人如果味觉到了极端，那么他离失去味觉也就不远了，有“盛极而衰”“物极必反”之意。

第3课　掷地赋声

掷地赋声－声东击西－西窗剪烛－烛尽光穷
穷兵黩武－武昌剩竹－竹苞松茂－茂林修竹
竹报平安－安安稳稳－稳操胜算－算无遗策
策名委质－质非文是－是非分明－明白晓畅
畅所欲为－为期不远－远见卓识－识时通变
变危为安－安然无事－事不宜迟－迟迟吾行

【释义】

掷地赋声　形容辞章优美。同“掷地金声”。

声东击西　指造成要攻打东边的声势，实际上却攻打西边，是使对方产生错觉，出奇制胜的一种战术。

西窗剪烛　原指思念远方的妻子，盼望相聚夜语。后泛指亲友聚谈。

烛尽光穷　蜡烛燃尽，烛光消失。比喻人死后意识也消灭。

穷兵黩武　黩：随便，任意；穷：竭尽。随意使用武力，不断发动侵略战争。形容极其好战。

武昌剩竹　比喻尚可备用的材料。

竹苞松茂　苞：茂盛。松竹繁茂。比喻家门兴盛。也用于祝人新屋落成。

茂林修竹　修：长。茂密高大的树林竹林。

竹报平安　竹报：旧时的家信。比喻平安家信。

安安稳稳　形容十分安定稳当。汉语中的一个俗语，表示此事无风险，不用担心。

稳操胜算 稳：有把握；操：掌握；胜算：能够制胜的计谋。指有把握取得胜利。

算无遗策 算：计划；遗策：失算。形容策划精密准确，从来没有失算。

策名委质 用以指因仕宦而献身于朝廷之事。

质非文是 徒有华美的外表，而无相应的实质。

是非分明 正确与错误非常分明。

明白晓畅 晓：知晓，知道；畅：畅达。形容非常明白清楚。

畅所欲为 痛痛快快地做想做的事。

为期不远 指快到规定或算定的日子。

远见卓识 卓：高超；识：见识。有远大的眼光和卓越的见解。

识时通变 能认清时势，通达应变。

变危为安 变危急为平安。

安然无事 犹言平安无事。

事不宜迟 事情要抓紧时机快做，不宜拖延。

迟迟吾行 迟迟：慢慢地。原指慢慢考虑考虑再走。形容恋恋不舍地离开。

【典故】

声东击西

秦朝灭亡以后，刘邦和项羽争雄。有一年夏天，刘邦在彭城被项羽的楚军杀得大败，本已归顺刘邦的魏王豹倒戈反汉。

刘邦派韩信为左丞相，领兵去攻打魏王豹。魏王豹得知汉军进攻的消息，就任命柏直为大将，统率兵马扼守在黄河东岸的蒲坂，封锁黄河渡口临晋津，阻止汉军渡河。柏直甚至还命令不许民船下河。他把蒲坂防守得十分严密，自以为汉军就是插上翅膀，也难以飞过黄河，魏王豹可以高枕无忧了。

韩信带领汉军来到前线，看到蒲坂地势险要，柏直又有重兵坚守，知道从这里硬攻很难获胜。经过反复考虑，他想出一个“声东击西”的战术。他将军营扎在蒲坂对岸，军营四周插上旗帜，又弄来一些船只。白天让士兵操练、呐喊，夜里掌灯举火，调兵遣将，做出要从这里强渡黄河的架势。背地里他却把汉军主力偷偷向北移动，选择了夏阳作为偷渡黄河的据点。

魏军看到黄河对岸的汉军，调动繁忙，喊杀震天，以为韩信真要从蒲坂渡河。柏直乐得拍手大笑：“韩信之辈真是一伙笨蛋，我这里坚如磐石，固若金汤；再加上黄河水深流急，休想渡过河来!”于是他便放心睡觉去了。

汉军开到夏阳以后，韩信命令士兵赶紧做木桶。把几个木桶连在一起，上面拴上木排，倒扣在水面上，就成了渡筏。汉军乘着这些渡筏，偷渡到对岸。因为魏军在那里没有派兵防守，所以汉军顺利地渡过黄河，攻陷了魏军后方要地安邑。魏王豹毫无准备，慌忙领兵迎战，结果惨败，他自己也被韩信活捉了。

第4课 行不从径

行不从径－径情直遂－遂非文过
过五关，斩六将－将伯之助－助我张目
目交心通－通上彻下－下笔便就－就地取材
材薄质衰－衰当益壮－壮发冲冠－冠履倒置
置之不理－理不胜词－词严义密－密密麻麻
麻木不仁－仁言利博－博学多才－才高意广

【释义】

行不从径 走路不遵循正道。比喻做事为学走捷径。

径情直遂 径情：任意，随心；遂：成功。随着意愿，顺利地得到成功。

遂非文过 饰非文过。掩饰错误和过错。

过五关，斩六将 比喻克服重重困难。

将伯之助 将：请求；伯：长者。请求长者帮助。指别人对自己的帮助。

助我张目 张目：睁大眼睛，比喻张扬气势。也比喻得到别人的赞助，声势更加壮大。

目交心通 以眼色传情，心中相互沟通。

通上彻下 ①指从天到地。②从上到下。指所有的人。

下笔便就 一挥动笔就写成文章。形容写文章文思敏捷。

就地取材 在本地找需要的材料。比喻不依靠外力，充分发挥本单位的潜力。

材薄质衰 指才情资质薄弱。有时用为谦词。

衰当益壮 犹老当益壮。

壮发冲冠 形容气概雄伟豪迈。

冠履倒置 比喻上下位置颠倒，尊卑不分。

置之不理 放在一边儿不理不睬。

理不胜词 说理不能胜过文辞。指文章的用词遣字好，说理则不够畅达。

词严义密 措词严谨，道理周密。

密密麻麻 表示非常的密集，像鱼鳞那样排列着。形容又多又密。

麻木不仁 不仁：没有感觉。肢体麻痹，失去知觉。比喻人对外界事物反应迟钝或漠不关心。

仁言利博 博：多，广。指有仁德的人说一句话，别人就能得到很大的好处。

博学多才 博：广博；才：才能。学识广博，有多方面的才能。

才高意广 才学高的人，抱着奢望，难以成事。

【典故】

过五关，斩六将

刘备军被曹操击败，刘、关、张失散。其中关羽被曹操军包围。曹操非常欣赏关羽才华英武（虎牢关战役，关羽温酒斩华雄，三英战吕布，关羽给曹操留下了深刻的印象），曹操希望招降关羽，遂派张辽，张文远游说关羽，关羽出于对兄长刘备的结拜誓言，以及保护兄嫂不被侵犯和与张辽的情谊，同意暂时归降曹操，但提出了几点要求：一是降汉不降曹；二是要确保兄嫂安全；三是如有刘备消息要立即离去，曹操不能阻拦。

曹操爱才心切，只得同意，希望通过自己的努力影响关羽真心归降。在关羽“归降”曹操的日子里，关羽受到了极高的待遇，被封为汉寿亭侯，上马金，下马银，赐予“赤兔马”。关羽也非毫无报答，斩颜良诛文丑，立下大功。

就当事情这样顺理成章的进行时，突然，关羽得到了刘备的消息，因此，立即向曹操请辞，但曹操避而不见，最后，关羽只能不辞而别。由于没有得到曹操的手谕，因此一路之上遭到了层层拦阻，但关羽凭借一己之力，过了五个曹操所辖关隘，立斩曹操六员大将。

过东岭关时杀孔秀；过洛阳城时杀韩福；过汜水关时杀卞喜；过荥阳时杀太守王植；过黄河渡口时杀秦琪；在张飞占据的古城外杀蔡阳，“过五关斩六将”因此得名。

第5课 广大神通

广大神通－通变达权－权变锋出－出处进退
退让贤路－路遥知马力，日久见人心－心长力短
短见薄识－识才尊贤－贤贤易色－色色俱全
全无心肝－肝胆相照－照功行赏－赏罚严明
明白易晓－晓行夜宿－宿弊一清－清尘浊水
水软山温－温良恭俭让－让再让三－三三五五

【释义】

广大神通　神通：原是佛家语，指神奇的法术。法术广大无边。形容本领高超，无所不能。现有时用于讽刺。

通变达权　做事能适应客观情况的变化，懂得变通，不死守常规。同“通权达变”。

权变锋出　指随机应变，锋芒毕露。形容言辞的辩捷锐利。

出处进退　指出仕或隐退。

退让贤路　退让：辞职的谦词；贤路：贤才仕进路。辞官退隐，让有才能的出来做事。

路遥知马力，日久见人心　路途遥远才能知道马的力气大小，日子长了才能看出人心的好坏。

心长力短　心里很想做，但力量够不上。

短见薄识　指见识短浅。

识才尊贤　能识别并尊重有才能的人。

贤贤易色　本谓对妻子要重品德，不重容貌。后多指尊重贤德的人，不看重女色。

色色俱全 各种各样的东西都很齐全。

全无心肝 比喻不知羞耻或没有良心。也指毫无心计。

肝胆相照 肝胆：比喻真心诚意。比喻以真心相见。

照功行赏 按照功劳大小给予不同奖赏。

赏罚严明 指该赏的赏，该罚的罚，处理清楚明白。

明白易晓 晓：知晓，明白。形容明白清楚，容易弄懂。

晓行夜宿 晓：天明。一早起来赶路，到夜里才住宿下来。形容旅途奔波劳苦。

宿弊一清 多年的弊病一下就肃清了。

清尘浊水 清尘：车后扬起的尘土，对别人的敬称；浊水：对自己的谦称。比喻相隔很远，会面没有希望。

水软山温 形容景色幽雅。

温良恭俭让 原意为温和、善良、恭敬、节俭、忍让这五种美德。这原是儒家提倡待人接物的准则。现也形容态度温和而缺乏斗争性。

让再让三 谓几次三番地推让。

三三五五 三个一群，五个一伙。

【典故】

路遥知马力，日久见人心

宋朝时，路遥为南京绅士，富甲一方且为人大度，乐善好施。马力是开封府尹包拯麾下马汉的侄子，当时是穷困潦倒的书生。原本赶考顺道投靠叔叔马汉，走至南京时盘缠用尽，身患重病被困客栈。闻得路遥乐于助人遂去求助。到路府后并未向路说明他与马汉的关系，路遥热情接待，为他请医治病还腾出房屋让马力读书。路遥赏识马力的才学，二人义结金兰。马力病愈后，路遥赠送二百两纹银助他上东京（今开封）赶考，后马力得中。从此路马也失去联系。多年后路遥家中失火，家道中落无以为生。只有撇下妻子到开封投靠义弟马力，一路行乞到达开封。谁知到马府后恰遇马力不在家中，家人没有接待路遥。路遥以为马力不念旧情一气之下拂袖而去。马力回家听家人说后，知是当年恩人来过，一面痛斥家人无礼，一面派家丁日久快马追赶路遥。日久追上路遥后说明原委，二人化解误会。后马力将路遥一家接到开封。于是有了“路遥知马力，日久见人心”的典故。

第6课　五步成诗

五步成诗－诗以言志－志在四方－方正贤良
良工心苦－苦不堪言－言多必失－失魂荡魄
魄荡魂飞－飞苍走黄－黄天焦日－日月经天
天命攸归－归老林泉－泉石之乐－乐不可极
极恶穷凶－凶残成性－性烈如火－火耕流种
种麦得麦－麦饭豆羹－羹墙之思－思绪万千

【释义】

五步成诗　唐史青能五步成诗。后用以比喻才思敏捷。

诗以言志　用诗歌表达自己的思想和志趣。

志在四方　比喻有远大抱负和理想，不局限于狭小的环境。

方正贤良　方正：正直；贤良：才能、德行好。“方正贤良”，汉代选拔统治人才的科目之一。

良工心苦　良工：手艺高明的工匠。形容优秀艺术家的作品，在创作过程中都费尽心思。

苦不堪言　堪：能。痛苦或困苦到了极点，已经不能用言语来表达。

言多必失　话说得多了，就一定有说错的地方。

失魂荡魄　形容心意烦乱，精神恍惚。

魄荡魂飞　形容惊恐万状。

飞苍走黄　指打猎。苍：苍鹰；黄：黄狗。

黄天焦日　犹大天白日。指白天。

日月经天　日月每天都经过天空。比喻光明正大，历久不衰。

天命攸归 天命：上天的意志；攸：所；归：归宿。旧指上天预先安排好的归宿。因常指改朝换代，将有新君主出现。亦作“天命有归”。

归老林泉 指暮年退职隐居，安享晚年。

泉石之乐 泉石：指山水、泉石名胜之处；乐：乐趣。比喻生活在山水园林之中，享受其中的乐趣。

乐不可极 享乐不可过分，否则乐极生悲。也比喻做事要有限度。

极恶穷凶 指极端凶恶。

凶残成性 凶恶残暴成了习性。形容为人残暴。

性烈如火 性：性情，脾气。形容性情暴躁。

火耕流种 古代一种原始的耕种方式。先用火烧去杂草，然后引水播种。犹言火耕水耨。

种麦得麦 指有什么样的原因就会有什么样的结果。

麦饭豆羹 羹：汤。指粗劣食品。用来比喻生活水平低下。

羹墙之思 羹：羹汤；墙：墙壁；思：思念。从墙壁上，从羹汤中能看到所思慕人的影子。比喻对先贤的思慕。

思绪万千 思绪：思想的头绪；万千：极多。指思想的头绪相当多，思虑复杂多端。

【典故】

志在四方

战国时，鲁国的孔穿（孔子第5代孙）去赵国游历，跟平原君门下的宾客邹文和季节结成好友。孔穿回国时，邹文、季节送了3天行程，临别时，两人泪流满面，对孔穿依依不舍。但孔穿只对他们作了个揖便上路了。孔穿的学生认为他太不近情理。孔穿却不以为然地说：“我原以为他们是大丈夫，现在才知道他们像女人一样。人立于天地间，应有‘四方之志’，为实现自己的理想应四海为家，怎么能像动物一样整天聚在一起？”孔穿的学生不住点头称是，对老师更加敬重。

后来人们将“四方之志”引申为“志在四方”，比喻有远大抱负和理想，不局限于狭小的环境。

第7课 千载一时

千载一时－时不我与－与世沉浮－浮白载笔
笔饱墨酣－酣歌恒舞－舞弊营私－私言切语
语不择人－人心丧尽－尽瘁鞠躬－躬逢其盛
盛气凌人－人面兽心－心猿意马－马耳东风
风不鸣条－条分节解－解兵释甲－甲第连天
天兵神将－将门出将－将门虎子－子虚乌有

【释义】

千载一时 一千年才有这么一个时机。形容机会极其难得。

时不我与 我与："与我"的倒装；与：等待。时间不会等待我们的。嗟叹时机错过，追悔不及。

与世沉浮 与：和，同；世：指世人；沉浮：随波逐流。随大流，大家怎样，自己也怎样。

浮白载笔 浮：罚人饮酒；白：指专用来罚酒的大杯；浮白：指喝酒和干杯；载笔：拿着笔。一面喝酒，一面写作。旧时比喻文人的雅量和才气。

笔饱墨酣 笔力饱满，用墨充足。形容诗文酣畅浑厚。

酣歌恒舞 形容纵情歌舞，耽于声色。

舞弊营私 舞：玩弄；弊：指坏事；营：谋求。因图谋私利而玩弄欺骗手段做犯法的事。

私言切语 私下里的情话。

语不择人 讲话不看对象。

人心丧尽 指不得人心到极点。

尽瘁鞠躬 瘁：劳累；尽瘁：竭尽劳苦；鞠躬：恭敬、谨慎。指恭敬谨慎，竭尽心力。

躬逢其盛 亲身经历那种盛况。

盛气凌人 盛气：骄横的气焰；凌：欺凌。以骄横的气势压人。形容傲慢自大，气势逼人。

人面兽心 面貌虽然是人，但心肠像野兽一样凶狠。形容为人凶残卑鄙，品德极坏。

心猿意马 心意好像猴子跳、马奔跑一样控制不住。形容心里东想西想，安静不下来。

马耳东风 比喻把别人的话当做耳边风。

风不鸣条 和风轻拂，树枝不发出声响。比喻社会安定。

条分节解 指逐条逐节进行分析。

解兵释甲 解：解除；释：卸下。解除武装，卸掉盔甲。比喻不再参战。

甲第连天 甲第：富豪显贵的宅第。形容富豪显贵的住宅非常之多。

天兵神将 比喻英勇善战，行动迅捷的军队。

将门出将 将门：世代为将帅的人家。指将帅家门出将帅。

将门虎子 将门：世代为将的人家。比喻父辈有才能，子孙也身手不凡。也指后生子弟不辱门庭。

子虚乌有 子虚、乌有：人名。指假设不存在或不真实的事情。

【典故】

千载难逢

唐代韩愈在《潮州刺史谢上表》一文中也用了“千载难逢”（原文作“千载一时”）这一典故。

当时的唐宪宗李纯(806～820年在位)很崇拜佛教。

宪宗听说某个寺院里供奉着一块佛骨——释迦牟尼火化后留下的遗骨，便打算隆重地把它迎进皇宫，以便朝夕虔诚地礼拜。时任监察御史的韩愈认为皇帝这么做很不应该，便上《谏迎佛骨表》，明确表示反对。

宪宗看了韩愈的奏章，十分恼火，欲将韩愈处死。后经大臣们说情，死罪改为被贬到潮州（今广东省潮州市）去作刺史。

宪宗后来革新了一些前朝的弊政，攻固了中央政权，呈现出一些中兴气象。于是韩愈便写了《潮州刺史谢上表》上呈皇帝，建议宪宗到泰山封禅（shàn）——封禅是历史上皇帝在泰山举行的祭礼天地的盛典——这分明是把宪宗奉为英明杰出的君主。“谢上表”的结尾处，韩愈请求宪宗带他去泰山参加封禅大典，说是“当此之时，所谓‘千载一时，不可逢之嘉会’”。

此后，人们把“千载一时不可逢”，将就南朝庾氏之语，并成“千载难逢”。也作“千载一时”。

第8课 有碍观瞻

有碍观瞻－瞻前顾后－后不僭先－先自隗始
始乱终弃－弃暗投明－明辨是非－非此即彼
彼此彼此－此伏彼起－起承转合－合纵连横
横草之功－功不唐捐－捐本逐末－末学肤受
受宠若惊－惊喜若狂－狂犬吠日－日薄西山
山盟海誓－誓不两立－立功赎罪－罪该万死

【释义】

有碍观瞻 形容太丑，妨碍了他人视觉，让人看到了他就没有心情去欣赏别的美好事物。

瞻前顾后 瞻：向前看；顾：回头看。看看前面，又看看后面。形容做事之前考虑周密慎重。也形容顾虑太多，犹豫不决。

后不僭先 出自“亲不隔疏，后不僭先”，原为“疏不间亲”。即关系较远的不参与关系较近的人的事情。此处“亲不隔疏”是套用。隔：间隔，阻隔。僭：越分，指超越身份，冒用在上者的职权行事。全意是：亲近的人不能被疏远的人间隔，后来的人不能超越先来的人。

先自隗始 隗：指战国燕人郭隗；始：开始。以先任用我郭隗为开端。表示自我推荐。

始乱终弃 ①乱：淫乱，不正当的男女关系。弃：抛弃、遗弃。指男子对女子先玩弄后遗弃的不道德行为。

②对人利用以后，一脚踢开。

弃暗投明 离开黑暗，投向光明。比喻在政治上脱离反动阵营，投向进步方面。

明辨是非 分清楚是和非、正确和错误。

非此即彼 非：不是；此：这个；即：便是；彼：那个。不是这一个，就是那一个。在两者之间必取其一的选择。

彼此彼此 常用做客套话，表示大家一样。亦指两者比较差不多。

此伏彼起 这里起来，那里下去。形容接连不断。

起承转合 ①诗文写作结构章法方面的术语。“起”是起因，文章的开头；“承”是事件的过程；“转”是结果是转折；“合”是对该事件的议论，是结尾。②比喻说话时的过渡。③比喻固定呆板、矫揉造作。

合纵连横 合纵连横简称纵横，战国时期纵横家所宣扬并推行的外交和军事政策。

横草之功 横草：把草踩倒。如同将草踩倒的那样的功劳。比喻轻微的功劳。

功不唐捐 功：功夫；唐：徒然，空；捐：舍弃。佛家语，功夫不会白白地抛弃。

捐本逐末 捐：抛弃；逐：追逐。指抛弃根本，追求末节。

末学肤受 指学问没有从根本上下工夫，只学到一点皮毛。

受宠若惊 宠：宠爱。因为得到宠爱或赏识而又高兴，又不安。

惊喜若狂 形容又惊又喜，难以自持。

狂犬吠日 疯狗对着太阳乱叫。比喻坏人自不量力地叫嚣。

日薄西山 薄：逼近，太阳快要落山。比喻人到老年或事物衰微接近灭亡。亦作“西山日迫”。

山盟海誓 盟：盟约；誓：誓言。指男女相爱时立下的誓言，表示爱情要像山和海一样永恒不变。

誓不两立 发誓绝不与对方同时存在。形容仇恨极深。

立功赎罪 赎罪：抵消所犯的罪过。以立功来抵偿罪过。

罪该万死 万死：处一万次死刑。形容罪恶极大。

【典故】

合纵连横

张仪曾经游说六国，让六国共同事奉秦国。战国时期，齐、楚、燕、韩、赵、魏、秦七雄并立。战国中期，齐、秦两国最为强大，东西对峙，互相争取盟国，以图击败对方。其他五国也不甘示弱，与齐、秦两国时而对抗，时而联合。大国间冲突加剧，外交活动也更为频繁，出现了合纵和连横的斗争。

公元前313年的一天，秦国的使臣张仪来到楚国，对楚怀王说："秦王愿意和大王结成兄弟之国。大王如果能同齐国断交，秦国愿献地六百里，两国永远和好。"楚怀王听了非常高兴，便一口答应下来，并派使者同张仪一起来到秦国，打算接收土地。可是刚入秦国境内，张仪就假装从车上摔下来，称病不出，拒绝会见楚国的使者。楚怀王见秦王迟迟不肯献地，以为秦王担心楚与齐的断交不够彻底，于是又派人北上大骂齐王。齐王被惹怒了，坚决和楚国绝交，并且与秦国建立了联盟关系。当楚使再次向张仪索讨献地时，张仪却说："哪有六百里地献给你们，一定是听错了，只有六里宽嘛。"楚怀王发觉上了当，决定发兵攻秦，结果受到秦、齐两国夹攻，楚国大败而归。接着，在蓝田交战中，楚国又被秦国打败，割给秦国两个城市。从此，楚国就一蹶不振。这就是张仪采用连横政策，帮助秦王离间敌国联盟，扩张秦国势力的典型例子。

第9课 死标白缠

死标白缠－缠夹不清－清风明月－月明千里
里勾外连－连三并四－四海承风－风清月明
明并日月－月过中秋－秋风过耳－耳鬓厮磨
磨杵成针－针锋相对－对簿公堂－堂高廉远
远人无目－目中无人－人众胜天－天兵天将
将相之器－器满意得－得失在人－人不可貌相

【释义】

死标白缠 指极力纠缠。

缠夹不清 缠夹：纠缠夹杂。杂七杂八搅在一起，弄不清楚。

清风明月 只与清风、明月为伴。比喻不随便结交朋友。也比喻清闲无事。

月明千里 月光普照大地。后多用作友人或恋人相隔遥远，月夜倍增思念的典故。

里勾外连 内外勾结，串通一气。

连三并四 犹言接连不断。

四海承风 谓政令、教化通行于天下。

风清月明 微风清凉，月光明朗。形容夜景美好。同“风清月朗”。

明并日月 并：齐。光辉灿烂可以与日月相比拟。旧时多用于称颂圣贤、帝王。

月过中秋 指错过时机。中秋节时月亮最圆、最亮、最美，故用以比喻良机。

秋风过耳 像秋风从耳边吹过一样。比喻与己无关，毫不在意。

耳鬓厮磨 鬓：鬓发；厮：互相；磨：擦。耳与鬓发互相摩擦。形容相处亲密。

磨杵成针 把铁棒磨成了针。比喻做任何艰难的工作，只要有毅力，下苦功，就能够克服困难，做出成绩。

针锋相对 针锋：针尖。针尖对针尖。比喻双方策略、论点及行动等尖锐对立。

对簿公堂 簿：文状、起诉书之类；对簿：受审问；公堂：旧指官吏审理案件的地方。在法庭上受审问。

堂高廉远 廉：厅堂的侧边。比喻尊卑有规定。

远人无目 在远处看不清人的眼睛。形容距离太远，只能看到模糊的轮廓。

目中无人 眼里没有别人。形容狂妄自大，看不起人。

人众胜天 聚集众人的力量，可以战胜大自然。

天兵天将 旧指天上的军队和将领。也比喻本领高强的人们。

将相之器 将：将帅；相：宰相；器：度量，才干。有担任将帅或宰相的度量和才能。

器满意得 骄傲自大、得意忘形貌。

得失在人 指人生的胜利失败就取决于本人的努力与否。强调人的主观能动性。

人不可貌相 不能只根据相貌、外表判断一个人。

【典故】

磨杵成针

诗人李白，祖籍陇西成纪（今甘肃秦安东），生于中亚的碎叶（今巴尔喀什湖南的楚河流域）。5岁时，随父亲迁居绵州昌隆（今四川江油）。李白自幼便开始习字读书，由于天资聪颖，到10岁时已读了很多诗书。

因家境殷实、富有，为此李白从小便养成好玩习惯，往往在读书时不能集中全部心思读书。甚至读了一会儿书后，会到外面闲逛。

一日，李白又因读书读得有些心烦，便又丢下书到外边闲逛。在村头，李白很奇怪地发现一个老婆婆，正在磨一根铁棒。于是他便不解地问道：

“老婆婆，您这是在干什么啊？”

老婆婆抬头瞧了瞧李白，笑着回答说：

“哦，我需要把这根铁棒磨成针哪！”

李白大为惊奇，便又问道：

“啊，这根铁棒这么粗，能把它磨成针吗？”

老婆婆还是笑了笑说：“唉，你看我不是在不停地磨下去吗？只要不断地磨，这铁棒就一定会越来越细，最后一定会被磨成针，怎么会不行呢？”

李白听了极受启发，于是专心致志读书，并持之以恒。最终成为一位我国古代最伟大的诗人之一。

第10课 相机观变

相机观变－变色之言－言行抱一－一语双关
关门打狗－狗逮老鼠－鼠窜蜂逝－逝将去汝
汝南晨鸡－鸡虫得丧－丧胆销魂－魂不附体
体规画圆－圆冠方领－领异标新－新知旧雨
雨零星乱－乱琼碎玉－玉关人老－老羞成怒
怒气冲天－天不假年－年华垂暮－暮翠朝红

【释义】

相机观变 等待时机，观察变化。

变色之言 使脸色改变的话。多指为争论是非曲直而冲动发怒时说的话。

言行抱一 犹言言行一致。

一语双关 一句话包含两个意思。

关门打狗 比喻将对方控制在自己势力范围内，然后进行有效打击。

狗逮老鼠 （歇后语）多管闲事。狗的职责是看守门户，猫是专捉老鼠的，所以狗替猫捉老鼠，就是多管闲事。

鼠窜蜂逝 形容纷纷跑散。

逝将去汝 诀别之辞。

汝南晨鸡 即汝南鸡。

鸡虫得丧 比喻微小的得失，无关紧要。同“鸡虫得失”。

丧胆销魂 丧、销：失去。形容惊恐到极点。

魂不附体 魂：灵魂，魂魄。灵魂离开了身体。形容极端惊慌。也指人死亡。

体规画圆 犹言依样画葫芦。谓墨守成规，一味模仿。

圆冠方领 指儒生的装束。方领：直衣领。亦用为儒生的代称。

领异标新 指与众不同，独创一格。

新知旧雨 见“旧雨新雨”。原意是：旧时，每逢下雨宾客也来，而现在一遇雨就不来了。后以“旧雨新雨”代指老友新交。

雨零星乱 残败零落貌。常用以比喻溃败。

乱琼碎玉 比喻冰雪。

玉关人老 借指久戍思归之情。

老羞成怒 因羞愧恼恨而发怒。

怒气冲天 怒气冲上天空。形容愤怒到极点。

天不假年 假：给予。天公不给以寿命。指寿命不长。

年华垂暮 垂：将，快要；暮：晚，老年。快要到老年。

暮翠朝红 形容爱情不专一。

【典故】

卧薪尝胆

春秋时期，吴王夫差凭着自己国力强大，领兵攻打越国。结果越国战败，越王勾践被抓到吴国。吴王为了羞辱越王，派他做看墓与喂马这些奴仆才做的工作。越王心里虽然很不服气，但仍然极力装出忠心顺从的样子。吴王出门时，他走在前面牵着马；吴王生病时，他在床前尽力照顾。吴王看他这样尽心伺候自己，觉得他对自己非常忠心，最后就允许他返回越国。

越王回国后，决心洗刷自己在吴国当囚徒的耻辱。为了告诫自己不要忘记复仇雪恨，他每天睡在坚硬的木柴上，还在门上吊一颗苦胆，吃饭和睡觉前都要尝一下，为的就是要让自己记住教训。除此之外，他还经常到民间视察民情，替百姓解决问题，让人民安居乐业，同时加强军队的训练。

经过十年的艰苦奋斗，越国变得国富兵强，于是越王亲自率领军队进攻吴国，成功地取得了胜利，吴王夫差羞愧得在战败后自杀。后来，越国又乘胜进军中原，成为春秋末期的一大强国。

第11课 红不棱登

红不棱登－登峰造极－极古穷今－今非昔比
比比皆是－是可忍，孰不可忍－忍心害理
理所不容－容膝之地－地动山摧－摧刚为柔
柔肠寸断－断钗重合－合胆同心－心不两用
用尽心机－机难轻失－失魂落魄－魄荡魂摇
摇唇鼓舌－舌端月旦－旦旦而伐－伐冰之家

【释义】

红不棱登 令人生厌的红色。

登峰造极 登：攀登；峰：山峰；造：到达；极：极点，顶端。比喻学问、技艺等已达到最高的境界。

极古穷今 指穷尽古今。

今非昔比 昔：过去。现在不是过去能比得上的。多指形势、自然面貌等发生了巨大的变化。

比比皆是 比比：一个挨一个。到处都是，形容极其常见。

是可忍，孰不可忍 是：这个；孰：那个。如果这个都可以容忍，还有什么不可容忍的呢？意思是绝不能容忍。

忍心害理 忍：残忍。心地残忍，丧尽天良。

理所不容 道理所不能允许。

容膝之地 形容居室的狭窄。

地动山摧 地震发生时大地颤动，山河摇摆。亦形容声势浩大或斗争激烈。

摧刚为柔 摧：挫败。变刚强为柔顺。

柔肠寸断 柔软的心肠一寸一寸地断开。形容女子的忧愁苦闷。

断钗重合 钗：古代妇女别在发髻上的一种首饰，由两股簪子合成，常被作为爱情的信物。比喻夫妻离散而复聚或感情破裂后又重归于好。

合胆同心 犹言同心同德。

心不两用 指一个人的心思一时只能专注于一事。

用尽心机 心机：心思。用尽了心思。

机难轻失 指机会难得，稍纵即逝。

失魂落魄 魂、魄：旧指人身中离开形体能存在的精神为魂，依附形体而显现的精神为魄。形容惊慌忧虑、心神不定、行动失常的样子。

魄荡魂摇 形容受外界刺激、诱惑而精神不能集中。

摇唇鼓舌 耍嘴皮，嚼舌头。形容耍弄嘴皮进行挑拨煽动。

舌端月旦 指常在谈话中议论别人。

旦旦而伐 多比喻天天损害或斫丧。

伐冰之家 伐冰：凿取冰块。古代唯有卿大夫以上的贵族丧祭得以用冰，用以称达官贵族。

【典故】

是可忍，孰不可忍

季氏，春秋末期鲁国的新兴贵族，也称季孙氏。当时，鲁国季、孟、叔（季孙、孟孙、叔孙）三家，世代为卿，权重势大；尤其是季氏，好几代都操纵着政权，国君实际上已在他们的控制之下。鲁昭公曾被他们打败，逃往齐国；鲁哀公也被他们打得逃往卫国、邹国和越国；到鲁悼公，更几乎只挂个“国君”的空名了。

至于“八佾舞于庭”而激起孔子愤怒的这个季氏，究竟是季氏的哪一代？原文中没有说明。据《左传·昭公二十五年》和《汉书·刘向传》载，季氏可能是昭公、定公时的季平子，即季孙如意。他不仅不把国君放在眼里，甚至自比天子。以当时宫廷的舞乐队来说，按制度是：天子八佾（八人为一行，叫一佾；八佾是八八六十四人），诸侯六佾，卿、大夫四佾，即季氏只能用四佾，鲁昭公应用六佾，只有周朝天子可用八佾。可是季氏却故意打破老规矩，偏要设置六十四人的大型舞乐队。所以孔子谈到季氏时，就愤怒地说：“八佾舞于庭，是可忍也，孰不可忍也！”

第12课　家藏户有

家藏户有－有案可查－查无实据－据鞍读书
书缺有间－间不容息－息鼓偃旗－旗鼓相当
当断不断－断长补短－短小精干－干父之蛊
蛊惑人心－心不应口－口不二价－价等连城
城门鱼殃－殃国祸家－家长里短－短小精悍
悍然不顾－顾而言他－他山之攻－攻苦食俭

【释义】

家藏户有　指家家都有。

有案可查　案：案卷，文书。指有证据可查。

查无实据　查究起来，没有确实的根据或证据。

据鞍读书　在马背或驴背上读书。后多形容学习勤奋。

书缺有间　泛指古书残缺已有多年。

间不容息　间：中间；容：容纳；息：喘息。中间都不容喘一口气。形容时机紧迫，不容延误。

息鼓偃旗　偃：仰卧，引申为倒下。放倒旗子，停止敲鼓。原指行军时隐蔽行踪，不让敌人觉察。现比喻事情终止或声势减弱。

旗鼓相当　比喻双方力量不相上下。

当断不断　指应该决断的时候不能决断。

断长补短　截断长的来补短的。比喻取别人的长处，来补自己的短处。

短小精干　形容人身材短小而精明强干。也形容文章、言论等简短有力。

干父之蛊 干：承担，从事；蛊：事、事业。继承并能胜任父亲曾从事的事业。

蛊惑人心 蛊惑：迷惑。指用欺骗引诱等手段迷惑人，搞乱人的思想。

心不应口 心里想的和嘴里说的不一致。指为人虚伪。

口不二价 指卖物者不说两种价钱。

价等连城 指价值等于连成一片的许多城池。

城门鱼殃 城门失火，大家都到护城河取水，水用完了，鱼也死了。比喻因受连累而遭到损失或祸害。

殃国祸家 使国家遭殃，家庭受害。

家长里短 指家庭日常生活琐事。

短小精悍 悍：勇敢。形容人身躯短小，精明强悍。也形容文章或发言简短而有力。

悍然不顾 悍然：凶残蛮横的样子。凶暴蛮横，不顾一切。

顾而言他 形容无话对答，有意避开本题，用别的话搪塞过去。同“顾左右而言他”。

他山之攻 比喻能帮助自己改正缺点的人或意见。同“他山之石”。

攻苦食俭 犹攻苦食淡。形容刻苦自励。

【典故】

旗鼓相当

古时两军作战，常用旗、鼓发号施令，指挥作战，若双方势均力敌，便称作“旗鼓相当”。此典故源于东汉时期。

公元25年，刘秀称帝，即光武帝，定都洛阳，史称东汉。东汉初年，仍有部分割据势力存在，公孙述、隗嚣等就是其中的代表。

据《后汉书·隗嚣传》载，刘秀在给隗嚣的信中说："如令子阳到汉中、三辅，愿因将军兵马，旗鼓相当。"意思是隗嚣和公孙述实力相当，劝其不要与公孙述联盟，对抗汉军。但隗嚣不听。

公元32年，因隗嚣、公孙述不听劝告，割据一方，拒不归汉，刘秀遂亲自带兵西征。汉军将隗嚣围在西城，把公孙述派的救兵围在上邽。这时刘秀因事要返回洛阳，临行前他给领军大将岑彭下令："既平陇，复望蜀。"要他灭隗嚣后，就去讨伐公孙述。后人因此话，演化为成语"得陇望蜀"。经过艰苦卓绝的几年征战，到公元36年，刘秀彻底消灭割据势力，实现了全国统一。

第13课 俭以养德

俭以养德－德厚流光－光天化日－日就月将
将错就错－错综复杂－杂七杂八－八面威风
风雨同舟－舟中敌国－国计民生－生财有道
道西说东－东闯西走－走投无路－路见不平
平白无辜－辜恩背义－义不容辞－辞不获命
命辞遣意－意前笔后－后拥前呼－呼风唤雨

【释义】

俭以养德 节俭有助于养成质朴勤劳的德操。

德厚流光 谓德泽深厚则影响深远子孙得福。

光天化日 光天：最大的天，大白天；化日：生长万物的太阳。原形容太平盛世。后比喻大家看得非常清楚的场合。

日就月将 就：成就；将：进步。每天有成就，每月有进步。形容精进不止。也作日积月累。

将错就错 将：依顺，顺从；就：迁就。指事情已经做错就顺着错误继续做下去。

错综复杂 错：交错，交叉；综：合在一起；错综：纵横交叉。形容头绪繁多，相互纠结，情况复杂。

杂七杂八 形容十分混杂。

八面威风 各个方面都很威风。形容神气足，声势盛。

风雨同舟 在狂风暴雨中同乘一条船，一起与风雨搏斗。比喻共同经历患难。

舟中敌国	同船的人都成了敌人。指众叛亲离。
国计民生	国家经济和人民生活。
生财有道	指开发财源有办法，后指敛钱发财很有办法。
道西说东	谓乱加谈论。
东闯西走	指没有目的和方向地四处闯荡。
走投无路	投：投奔。无路可走，已到绝境。比喻处境极困难，找不到出路。
路见不平	指见到不平的事。
平白无辜	指清白无罪。
辜恩背义	辜：辜负；背：违反，违背。辜负别人的恩德，做出对不起别人的事情。
义不容辞	义：道义；容：允许；辞：推辞。道义上不允许推辞。
辞不获命	指辞谢而未获允许。
命辞遣意	运用文词表达思想。亦作“命词遣意”。
意前笔后	指先构思成熟，然后下笔，使意境得到充分表现。
后拥前呼	后面簇拥，前面吆喝。形容出行时气派很大。
呼风唤雨	旧指神仙道士的法力。现比喻人具有支配自然的伟大力量。也可形容反动势力猖獗。

【典故】

舟中敌国

战国时，魏将吴起，卫国人，精通兵法，曾有人把他和春秋时著名军事家孙武并列，称为“孙、吴”。

魏文侯时，吴起被任为将军，颇有战功。文侯死后，他的儿子武侯继位，吴起连任将军职务。一天，魏武侯和大夫们乘船经过西河（陕西、山西之间龙门一带的黄河）。武侯望着河水高山，很是得意，对吴起说：“山河地势如此险要，这是保障魏国安全的天然有利条件!”吴起答道：“不对，保障国家安全的条件，主要不在于险要的天然地势，而在于英明的政治——在德不在险。从前苗氏的地势，左依洞庭湖，右靠鄱阳湖，不能说不险要，只因不修德，夏禹把它灭亡了。夏桀统治的国家，南有伊水、洛水，北有壶关、羊肠，地势和夏禹时代差不多，还是很险要，只因不修德，被商汤王灭亡。南朝传到纣王，国土的左边是太行山下的孟门，右边是漳河和滏河，常山在其北，黄河在其南，天然地势很好，只因不修德，周武王起兵把它灭了。——如果您也不修德，那么地势再险要也同样没用，即使现在和您同坐在一条船里的人，到时候也可能都是您的敌人了!”

《战国策·魏策》和《史记·吴起传》都有记载。《史记》所记吴起的一番议论原文，最末一句是：

若君不修德，舟中之人尽为敌国也!

“舟中敌国”，意思是说如果不修德行，胡作非为，那么，终将众叛亲离。

第14课 雨栋风帘

雨栋风帘－帘窥壁听－听聪视明－明参日月
月黑风高－高不可登－登锋履刃－刃迎缕解
解骖推食－食古不化－化险为夷－夷险一节
节外生枝－枝附叶连－连天匝地－地大物博
博大精深－深根宁极－极则必反－反骄破满
满园春色－色仁行违－违利赴名－名从主人

【释义】

雨栋风帘 形容高敞华美的楼阁。

帘窥壁听 帘：布帘；窥：偷看；壁：墙壁；听：偷听。指窃听与偷看。

听聪视明 听：听觉；聪：灵敏；视：视觉；明：清楚。听得清，看得明。形容对事物有清楚而正确的认识。

明参日月 光辉灿烂可以与日月相比拟。旧时多用于称颂圣贤、帝王。

月黑风高 比喻没有月光风也很大的夜晚。比喻险恶的环境。

高不可登 形容难以达到。也形容人高高在上，使人难以接近。同“高不可攀”。

登锋履刃 踩踏刀剑的锋刃。比喻冲锋陷阵在最前头。

刃迎缕解 比喻顺利解决。

解骖推食 骖：古代驾在车前两侧的马。解下驾在车前两侧的马匹，换取食物送给急需的人。指以自己的财物解救他人之急。

食古不化 指对所学的古代知识理解得不深不透，不善于按现在的情况来运用，跟吃东西不消化一样。

化险为夷 险：险阻；夷：平坦。化危险为平安。比喻转危为安。

夷险一节 夷：平安；节：节操。不论处于顺境或是逆境，节操均不变如一。

节外生枝 本不应该生枝的地方生枝。比喻在原有问题之外又岔出了新问题。多指故意设置障碍，使问题不能顺利解决。

枝附叶连 比喻上下关系紧密。同“枝附叶著”。

连天匝地 形容规模大，数量多。

地大物博 指国家疆土辽阔，物产丰富。

博大精深 博：广，多。形容思想和学识广博高深。

深根宁极 ①指深藏静处。②根柢牢固。

极则必反 谓事物发展到极端，就会向相反的方面转化。

反骄破满 反对骄傲，破除自满。

满园春色 整个园子里一片春天的景色。比喻欣欣向荣的景象。

色仁行违 表面上主张仁德实际行动却背道而驰。

违利赴名 舍去利欲而求取名声。

名从主人 事物以主人所称之名为名。

【典故】

名从主人

鲁桓公卷入了宋国内乱事件，并接受了宋国贿赂的一个大鼎。《春秋》于此大书道：“夏，四月，取郜大鼎于宋。”明明宋人送的，为什么叫郜大鼎呢？《公羊传》对此引孔子的话解释说：“名从主人，物从中国。”这个大鼎是宋国灭掉郜国后掠夺来的，原为郜所制造，所以叫“郜大鼎”，不叫宋大鼎。中原地区的人管这种大型器物叫“大鼎”，所以是“物从中国”。

第15课 人生自古谁无死

人生自古谁无死－死中求活－活蹦乱跳
跳梁小丑－丑声远播－播恶遗臭－臭不可闻
闻宠若惊－惊耳骇目－目不识书－书富五车
车怠马烦－烦天恼地－地覆天翻－翻陈出新
新故代谢－谢家宝树－树大招风－风云人物
物归原主－主圣臣良－良莠不一－一针见血

【释义】

人生自古谁无死 人生自古以来有谁能够长生不死，但应死得有价值。

死中求活 指死中求生。

活蹦乱跳 活泼、欢乐，生机勃勃的样子。

跳梁小丑 跳梁：腾跃跳动；小丑：对人的卑称。比喻猖狂捣乱而成不了大气候的坏人。

丑声远播 坏名声传播得很远。

播恶遗臭 传播恶事，遗留臭闻。指所干恶事和坏名声，传播到远地或遗留给后世。

臭不可闻 臭得使人受不了。比喻人名声极坏。

闻宠若惊 犹言受宠若惊。因为得到宠爱或赏识而又高兴，又不安。

惊耳骇目 耳闻目见后内心震惊。

目不识书 指读书很少或没读过书；不甚识字或不识字。

书富五车 五车：指五车书。形容读书多，学识丰富。

车怠马烦 车危且马疲。形容旅途困乏。怠：通“殆”。同“车殆马烦”。

烦天恼地 对天地都有所烦恼。形容心情极其烦闷苦恼。

地覆天翻 覆：翻过来。①形容变化巨大。②形容秩序极为混乱。闹得很凶。

翻陈出新 指对旧的文化进行批判地继承，剔除其糟粕，吸取其精华，创造出新的文化。

新故代谢 指生物体不断用新物质代替旧物质的过程。也指新事物不断产生发展，代替旧的事物。同“新陈代谢”。

谢家宝树 比喻能光耀门庭的子侄。

树大招风 比喻人出了名或有了钱财就容易惹人注意，引起麻烦。

风云人物 风云：比喻飞快发展变化的形势、环境。指得势而言行能影响大局的人物。

物归原主 把东西交还原来的主人。

主圣臣良 君主圣明，臣下忠良。比喻上行下效。亦作“主明臣直”、“主圣臣直”、“主贤臣良”。

良莠不一 莠：狗尾草，很像谷子，常混在禾苗中。比喻好人坏人都有，混杂在一起。难以区分。同“良莠不齐”。

一针见血 比喻说话直截了当，切中要害。

【典故】

谢家宝树

谢家宝树原指谢玄是谢家的人才栋梁，可以光耀门楣。“谢家宝树”的典故来自谢安与侄子谢玄的对话，早年谢安问谢玄等子侄，为什么人对自己的事情并没什么希望，但是大家却都希望自己的子女能够有出息呢。别的子侄都不能回答。只有谢玄回答“譬如芝兰玉树，欲使其生于庭阶耳”，有出息的后代像馥郁的芝兰和亭亭的玉树一样，既高洁又辉煌，长在自己家中能使门楣光辉。现在一般指很有出息。谢家子弟确实是这样一次次安定与挽救了东晋王朝，忠诚高洁，勇敢睿智，可称为谢家之宝树，在王勃的《滕王阁序》中也有其“非谢家之宝树”自谦之句。

第16课 血肉横飞

血肉横飞－飞刍挽粒－粒米束薪－薪尽火传
传风扇火－火尽灰冷－冷眼旁观－观望不前
前言往行－行不逾方－方寸万重－重床叠架
架海金梁－梁上君子－子曰诗云－云起雪飞
飞遁鸣高－高阳酒徒－徒费口舌－舌尖口快
快刀斩麻－麻痹大意－意广才疏－疏财尚气

【释义】

血肉横飞 形容发生爆炸等灾祸时，死伤者血肉四溅的惨状。
飞刍挽粒 指迅速运送粮草。
粒米束薪 指粮柴少得可怜。
薪尽火传 薪：柴。柴虽烧尽，火种仍留传。比喻师父传业于弟子，一代代地传下去。
传风扇火 犹煽风点火。比喻鼓动别人做某种事。多用于贬义。
火尽灰冷 比喻权势消失。
冷眼旁观 指不参与其事，站在一旁看事情的发展。
观望不前 不前：不敢上前。事情尚难确定时，怀着犹豫不定的心情，观察事物的发展，暂不前进。
前言往行 指前代圣贤的言行。
行不逾方 指行动不逾越法度。
方寸万重 方寸：指心；万重：多话。心里头有千言万语。
重床叠架 比喻重复繁多。

架海金梁 梁：桥梁。架在海上的金桥。比喻起重要作用的杰出人物，能够身肩重任的栋梁之才。

梁上君子 窃贼的代称。现在有时也指脱离实际、脱离群众的人。

子曰诗云 子：指孔子；诗：指《诗经》；曰、云：说。泛指儒家言论。

云起雪飞 如云兴起，如雪飘飞。比喻乐曲悠扬，变化有致。

飞遁鸣高 飞遁：指隐退。远离尘俗，自命清高。

高阳酒徒 高阳：古乡名，在今河南杞县西南。秦末郦其食即此乡人，对刘邦自称“高阳酒徒”。用以指嗜酒而放荡不羁的人。

徒费口舌 徒：白白地。指白讲了一大套话，结果仍然无济于事。

舌尖口快 尖：尖锐，锋利。快：锐利，爽快。形容口舌伶俐，说话爽快。也指说话尖刻，不肯让人。

快刀斩麻 比喻做事果断，能采取坚决有效的措施，很快解决复杂的问题。同“快刀斩乱麻”。

麻痹大意 麻痹：失去知觉。指粗心、疏忽，失去警惕性，粗心大意。

意广才疏 意：意愿，志向。志向远大，但才能浅薄。指志大才疏。

疏财尚气 轻视钱财而讲求义气。多指用钱助人，扶危济困。

【典故】

梁上君子

东汉时期，在颍川有个县官叫陈实，他办事公正，很有声望。

一天夜里，一个小偷溜进了陈实的家里，躲在房梁上，被陈实发现了。他没有喊叫，装着没有看见一样。他穿好衣服后，就把儿孙们叫醒来到自己住的房间里。非常严肃地对他们说：“你们长大了一定要爱惜名声，努力向上，从严要求自己，不能做那些损害别人的事。有些人原来并不坏，而是对自己放松了要求，染上了坏习惯，又不及时改正，慢慢地变坏了的。这些人如果严格要求自己，也可以做君子的。”

陈实说到这里，马上用手指向房梁上边说：“你们看，梁上的那位君子堕落到了这般地步，是慢慢地变成的啊！”躲在梁上的小偷听到后，又惭愧，又惊慌，连忙从房梁上跳下来，向陈实磕头认罪。陈实的儿孙们要找绳索捆绑小偷，但被他制止了。陈实见小偷苦苦求饶，便说：“看你这个样子，并不像个坏人，你大概是因为生活上贫困，才不得不这样做的吧？”

说完，让家人取出两匹绸缎，送给小偷，劝他改邪归正。小偷痛哭流涕，感恩不尽地一再表示今后决不当小偷了，要重新做人。

人们根据这个故事，引申出“梁上君子”这句成语。“梁”是房梁，“君子”是古代对有教养的读书人的称呼，用在这里含有幽默的意思。“梁上君子”被用作小偷、窃贼的代称。

后来“梁上君子”还用来比喻那种上不着天、下不着地、脱离实际的人。

第17课 气充志骄

气充志骄－骄兵必败－败笔成丘－丘壑泾渭
渭阳之情－情不自已－已登道岸－岸谷之变
变风易俗－俗手伶工－工力悉敌－敌不可纵
纵风止燎－燎原之火－火尽薪传－传龟袭紫
紫电清霜－霜凋夏绿－绿水青山－山穷水尽
尽日穷夜－夜静更长－长夜难明－明知故问

【释义】

气充志骄 指心满意得，骄傲自大。

骄兵必败 骄兵：恃强轻敌的军队。恃强轻敌的军队必定打败仗。

败笔成丘 用坏的笔堆得像小山丘一样。形容书法精良或著述甚多。

丘壑泾渭 丘：山丘；壑：山沟；泾：水清；渭：水浊。泾、渭都是陕西的两河名。比喻人的品德高低清浊一对比就明白了。

渭阳之情 渭阳：渭水的北边。传说秦康公送其舅重耳返晋，直到渭水之北。指甥舅间的情谊。

情不自已 犹情不自禁。感情激动得不能控制。强调完全被某种感情所支配。

已登道岸 岸：道路的尽头。已经到了道路的尽头。比喻学问已经大有成就。

岸谷之变 比喻政治上的重大变化。

变风易俗 指改变旧的风气和习俗。
俗手伶工 伶：旧时指唱戏的人。指平凡的乐工。
工力悉敌 工力：功夫和力量；悉：完全；敌：相等。双方用的功夫和力量相当。常形容两个优秀的艺术作品不分上下。
敌不可纵 对敌人不能放纵。
纵风止燎 用鼓风的方法灭火。比喻本欲消弭其事，却反而助长其声势。
燎原之火 大火在原野上燃烧，使人无法接近。比喻不断壮大，不可抗拒的革命力量。
火尽薪传 火虽烧完，柴却留传下来。比喻思想、学术、技艺等世代相传。
传龟袭紫 指继承高爵显位。
紫电清霜 形容武器锋利精良。
霜凋夏绿 犹言冬去春来。指时光的流逝。
绿水青山 泛称美好山河。
山穷水尽 山和水都到了尽头。比喻无路可走陷入绝境。
尽日穷夜 从早到晚，通宵达旦。指整天整夜。
夜静更长 更：旧时把一夜分作五更，每更约两小时。夜深了，人们都安静下来。形容夜深寂静无声。
长夜难明 漫长的黑夜难以见到光明。比喻漫长的黑暗统治。
明知故问 明明知道了，还故意问人家。

【典故】

骄兵必败

汉朝时，汉朝的军队经常在周边地区和匈奴的军队发生战争。在公元前68年，又发生了一次战争。汉军夺了车师，匈奴也派骑兵袭击车师。

听到这个消息，汉宣帝赶忙召集群臣商量对策。在群臣中有两种意见：将军赵充国主张攻打匈奴，使他们不再骚扰西域。而丞相魏丞则不以为然，他对汉宣帝说："近年来匈奴并没有侵犯我们的边境。我们边境上的老百姓生活困难，怎能为了一个小小的车师去攻打匈奴呢？况且，我们国内还有许多事情要做，不但有天灾还有人祸。官吏需要治理，违法乱纪的事情也在增多。现在摆在眼前的事情不是去攻打匈奴，而是整顿朝政，治理官吏，这才是大事。"

接着，魏丞又指出了攻打匈奴的错误主张："如果我们出兵的话，即使是打了胜仗，也会后患无穷。仗着国大人多而出兵攻打别人，炫耀武力，这样的军队就是骄横的军队。而骄横的军队一定会灭亡。"

汉宣帝认为魏丞说的有道理，便采纳了他的意见。

第18课 问舍求田

问舍求田－田连阡陌－陌路相逢－逢凶化吉
吉祥如意－意转心回－回嗔作喜－喜不自胜
胜任愉快－快意当前－前无古人－人稠物穰
穰穰满家－家贼难防－防心摄行－行远升高
高姓大名－名不徒显－显处视月－月朗星稀
稀稀落落－落落大方－方领矩步－步履维艰

【释义】

问舍求田 置屋买田。多形容只求个人小利，没有远大志向。

田连阡陌 田间小路接连不断。形容田地广阔。

陌路相逢 与陌生人相遇在一起。

逢凶化吉 逢：遭遇；凶：不幸。遇到凶险转化为吉祥、顺利。这是带有迷信的说法。

吉祥如意 祥：祥瑞。如意称心。多用祝颂他人美满称心。

意转心回 意、心：心思；转、回：掉转。改变想法，不再坚持过去的意见。

回嗔作喜 嗔：生气。由生气转为喜欢。

喜不自胜 胜：承担。控制不了内心的喜悦。

胜任愉快 胜任：能力足以担任。指有能力担当某项任务或工作，而且能很好地完成。

快意当前 快意：爽快舒适。指痛快一时。

前无古人 指以前的人从来没有做过的。也指空前的。

人稠物穰 稠：稠密，多；穰：丰盛。人口众多，物产丰盛。

形容城市繁荣昌盛的景象。

穰穰满家 穰穰：丰盛。形容获得丰收，粮食满仓。亦形容收藏的东西很多。

家贼难防 家属或内部的人作弊营私难以防范。

防心摄行 谓防止杂念和注意言行。

行远升高 比喻为学由浅入深，逐步提高。

高姓大名 询问人家姓名时的客气用语。同“高名大姓”。

名不徒显 徒：空；显：显露。名望不会轻易得来。

显处视月 比喻治学的范围广但不精深。

月朗星稀 皓月当空，星星稀少。

稀稀落落 形容稀疏的样子，又作稀稀拉拉。

落落大方 落落：举止潇洒自然的样子。形容言谈举止自然大方、不拘谨。

方领矩步 指古代儒者的服饰和容态。

步履维艰 指做事或者工作遇到很大的困难和阻力，很难继续进行。

【出处】

问舍求田

“问舍求田”出自《三国志·魏书·陈登传》：“君有国士之名，今天下大乱，帝主失所，望君忧国忘家，有救世之意，而君求田问舍，言无可采，是元龙所讳也，何缘当与君语。”

逢凶化吉

“逢凶化吉”出自明代施耐庵《水浒全传》第四十二回：“豪杰交游满天下，逢凶化吉天生成。”

第19课 艰难玉成

艰难玉成－成群结党－党坚势盛－盛筵难再
再衰三竭－竭诚以待－待价而沽－沽激虚名
名不正，言不顺－顺人应天－天荒地老
老蚌生珠－珠圆玉润－润屋润身－身单力薄
薄寒中人－人地两生－生死轮回－回天倒日
日许时间－间见层出－出谷迁乔－乔迁之喜

【释义】

艰难玉成　玉成：敬辞，意为成全，成功。形容经过艰辛的磨炼，终于获得成功。

成群结党　指一部分人结成小团体。

党坚势盛　谓团结紧、势力盛大。

盛筵难再　比喻良机不易重逢。

再衰三竭　形容士气低落，不能再振作。

竭诚以待　竭诚：竭尽诚意；待：对待。竭尽诚意地对待别人。

待价而沽　待：等待；沽：卖。等待高价才出卖。比喻有才干之人等到有人赏识重用时才肯出来效力。

沽激虚名　沽激：伪装真情骗取名誉；虚名：虚有的，不副实际的名声。指通过伪装骗取名誉。

名不正，言不顺　指名分不正或名实不符。

顺人应天　应：适应，适合。顺应天命，合乎人心。旧时常用于颂扬建立新的朝代。

天荒地老 指经历的时间极久远。

老蚌生珠 原比喻年老有贤子。后指老年得子。

珠圆玉润 ①形容文辞圆熟流畅。②形容歌声圆润婉转。

润屋润身 用为恭贺新屋落成的题词。

身单力薄 人少力量不大。

薄寒中人 薄寒：轻微的寒气；中人：伤人。指轻微的寒气也能伤害人的身体。也比喻人在衰老或患难之中时经不住轻微的打击。

人地两生 初到一地对当地的人与环境、习俗等不熟悉。

生死轮回 佛教以为世俗众生在生死世界里循环不已，犹如车轮回旋不停一般，是一种善恶有报的因果报应论。

回天倒日 犹言旋转乾坤。

日许时间 估量时间的词。指已有许多时光。同“日许多时”。

间见层出 先后一再出现。

出谷迁乔 谷：幽谷；乔：乔木。从幽深的溪谷出来，迁上了高大的乔木。比喻地位上升。

乔迁之喜 乔迁：鸟儿飞离深谷，迁到高大的树木上去。祝贺用语，贺人迁居或贺人官职升迁之辞。

【典故】

名不正，言不顺

公元前501年，51岁的孔子当了鲁国的中都宰，一年后被提升为管理建设工程的司空；不久，转而为司寇。在56岁那年，孔子又代理相国职务。他参与国政，仅仅三个月，鲁国的风俗就大大变了样。

孔子的成就使齐景公感到害怕，他特地挑了80个美貌的女子，让她们穿上华丽的衣服，教她们学舞蹈，加上124匹骏马，一起送给贪图享乐的鲁定公，以腐蚀他的意志。这一计果然奏效，鲁定公沉湎于歌舞淫乐之中，不再过问政事。

孔子的学生子路见到这种情况，便对孔子说："老师，我们可以离开这里了吧！"

孔子回答说："鲁国现在就要在郊外祭祀，如果能按照礼法把典礼后的烤肉分给大夫们，那我还可以留下不走。"

结果，鲁定公违背常礼，没有把烤肉分给大夫们，于是孔子离开鲁国，来到了卫国。卫灵公问孔子，他在鲁国得到的俸禄是多少，孔子回答说是俸米六万斗。于是，卫灵公也给他这个数的俸米。

跟随孔子的学生们见有了安身之处，都很高兴。子路尤其高兴，问孔子道："卫国的国君让您去治理国政，您首先干些什么？"

孔子略为思索一下，说："我以为首先要纠正名分。"子路不客气地说："老师未免太迂腐了，这有什么纠正的必要呢？"

孔子说："君子对他所不知道的只存疑在心中。名分不正，道理也就讲不通；道理不通，事情也就办不成；事情办不成，国家的礼乐教化也就兴办不起来；礼乐教化兴办不起来，刑罚就不会得当；刑罚不得当，老百姓就会不知如何是好，连手脚都不晓得往何处摆了。所以君子用的名分，一定要有道理可以说的出来，讲出来的道理也一定要行得通。"

第20课 喜出望外

喜出望外－外简内明－明公正气－气冲斗牛
牛刀割鸡－鸡虫得失－失魂丧魄－魄散魂飘
飘泊无定－定省晨昏－昏镜重明－明教不变
变服诡行－行不贰过－过而能改－改步改玉
玉成其美－美女簪花－花朝月夜－夜半更深
深仇大恨－恨五骂六－六臂三头－头高头低

【释义】

喜出望外 喜事在意料之外。形容遇到意料之外的好事而特别高兴。

外简内明 谓对人表面上简易，而内心明察。

明公正气 犹言正式、公开；堂堂正正。

气冲斗牛 气：气势；牛、斗：即牵牛星和北斗星，指天空。形容怒气冲天或气势很盛。

牛刀割鸡 杀只鸡用宰牛的刀。比喻大材小用。

鸡虫得失 像鸡啄虫，人缚鸡那样的得失。比喻微小的得失，无关紧要。

失魂丧魄 ①形容心烦意乱，精神恍惚。②形容极度惊恐不安。

魄散魂飘 形容人临死时神志昏迷、人事不省。

飘泊无定 泊：停留，暂住。比喻东奔西走，生活不安定。

定省晨昏 晚间服侍就寝，早上省视问安。旧时侍奉父母的日常礼节。

昏镜重明 将昏暗的铜镜重新打磨光亮。比喻重见光明。

明教不变 教令明确，让老百姓有所适从，便不会发生变乱。

变服诡行 变：更换；服：服装；诡：诡秘。更换服装，秘密赶路。

行不贰过 指犯过的错误不再犯。

过而能改 有了错误就能改正。

改步改玉 指死者身份改变，安葬礼数也应变更。后指改变制度或改朝换代。

玉成其美 玉成："玉汝于成"的缩语，帮助你有所成，后用为成全之意。成全某件好事。亦作"玉成其事"。

美女簪花 簪：插戴。形容书法娟秀。也比喻诗文清新秀丽。

花朝月夜 有鲜花的早晨，有明月的夜晚。指美好的时光和景物。旧时也特指农历二月十五和八月十五。

夜半更深 更：古时夜间计时单位，1 夜 =5 更，1 更 =2 小时。深夜。

深仇大恨 深而大的仇恨。

恨五骂六 泛指掷色子时咒骂坏点数的叫喊声。

六臂三头 比喻人的本事非凡，神通广大。

头高头低 形容用秤称东西时，秤杆的一端高一点或低一点，难免稍有出入。

【典故】

改 步 改 玉

鲁定公五年（公元前 505 年）6 月，鲁国大夫季平子在巡视东野的途中死了，阳虎打算用美玉给他随葬，仲梁怀不答应，说："步子改变了，美玉也要跟着改变。"原来，在那个时代，人的尊卑不同，步履也各不相同，所佩的玉也不相同。鲁定公即位之前，季平子代行君事，曾佩着美玉，用国君的步态代替国君祭祀过宗庙。后来定公即位了，季平子又恢复了臣位，恢复了做臣的步态，同时也应当摘掉替代国君时所佩的美玉了。

第21课 低唱浅酌

低唱浅酌－酌古沿今－今生今世－世道人情
情长纸短－短垣自逾－逾年历岁－岁序更新
新人新事－事核言直－直上直下－下笔成章
章句小儒－儒家经书－书剑飘零－零打碎敲
敲山震虎－虎口余生－生桑之梦－梦见周公
公听并观－观貌察色－色胆如天－天下为一

【释义】

低唱浅酌 低唱：轻柔地歌唱；酌：饮酒。听人轻柔地歌唱，并自在地慢慢饮酒。形容一种安乐自在的神态。

酌古沿今 指斟酌古今沿革，以明源流。

今生今世 指从今以后的一生一世。

世道人情 泛指社会的道德风尚和人们的思想情感等。同“世道人心”。

情长纸短 简短的信纸无法写完深长的情意。形容情意深长。同“纸短情长”。

短垣自逾 垣：矮墙；逾：越过。自己越过矮墙。旧比喻亲身违背礼制法度。

逾年历岁 谓经过一定年月。形容经历较长时间。

岁序更新 旧的一年过去了，新的一年来到了。

新人新事 不同于或区别于过去长期存在或事先已有的同一种类名称的人或事物。

事核言直 事情确实，文辞直接。

直上直下 ①上下一贯。②从上到下，从头到脚。③形容陡直。

下笔成章 章：文章。一挥动笔，就写成文章。形容文思敏捷，文章写得很快。

章句小儒 指不能通达大义而拘泥于辨析章句的儒生。

儒家经书 中国儒家学派的经典著作，其范围随历代王朝的增设而不断扩大。由最初的《诗》《书》《礼》《乐》《易》《春秋》“六经”和《周礼》《仪礼》《礼记》“三礼”，发展为宋代的十三经，即《诗》《书》《易》《周礼》《仪礼》《礼记》《春秋左传》《公羊传》《谷梁传》《论语》《孝经》《尔雅》和《孟子》。

书剑飘零 书剑：书籍和宝剑，指读书做官，仗剑从军。本谓做官或从军，离乡背井，漂流在外，后谓因求取功名而出门在外，久游未归为“书剑飘零”。

零打碎敲 指以零零碎碎、断断续续的方式进行或处理。

敲山震虎 敲山震虎是通过敲山来震慑老虎，使老虎不敢发威。敲山震虎是威慑战略的一种表现形式，它是展示军事实力，迫使对方屈服的手段，达到不战而屈人之兵的目的。

虎口余生 比喻非常侥幸地保留下的生命。

生桑之梦 指三国时期蜀国何祗梦见井中生桑，后应梦，四十八岁而卒。后比喻死期将至。

梦见周公 周公：西周初著名政治家，孔子心目中的理想人物。原为孔子哀叹自己体衰年老的词句。后多作为瞌睡的代称。

公听并观 并：多方面的。公正而全面地观察事物，听取意见。

观貌察色 观察脸色以揣测对方的心意。

色胆如天 形容贪恋淫欲胆量很大。

天下为一 指国家统一。

【典故】

梦见周公

周公，周武王的弟弟，姓姬，名旦。他是西周初年的政治家，因为采邑（封地）在周（现在的陕西岐山北），所以称为周公。周公曾经帮助周武王灭掉商朝。武王死后，继位的是儿子成王，但成王年幼，便由周公摄政。管叔、蔡叔等人不服，周公便出师东征，平定叛乱。相传他制礼作乐，建立典章制度，从此形成了一套完整的社会等级制度。

周公是孔子心目中的圣人。周公制定的礼乐制度，也是孔子最敬服的。孔子经常梦见周公 ，是表达他对周公的敬仰之情，表达他对周公制定的一套典章制度的向往。孔子感叹自己很久没有梦见周公，言外之意是说当时社会的礼乐典章制度遭到了破坏，从而借此间接地表达了他的政治思想。

第22课 一命呜呼

一命呜呼－呼吸之间－间不容缓－缓兵之计
计不旋跬－跬步千里－里挑外撅－撅竖小人
人地生疏－疏财仗义－义形于色－色艺双绝
绝处逢生－生死未卜－卜数只偶－偶语弃市
市不二价－价值连城－城下之盟－盟山誓海
海不波溢－溢美之词－词不逮理－理不胜辞

【释义】

一命呜呼 呜呼：叹词，古代祭文末多有此词，后即以此为死亡的代称。指人死亡。

呼吸之间 形容极为短暂的时间。

间不容缓 指刻不容缓。

缓兵之计 缓：延缓。延缓对方进攻的计策。指拖延时间，然后再想办法。

计不旋跬 比喻计谋应验十分迅速。

跬步千里 走一千里路，是半步半步积累起来的。比喻学习应该有恒，不要半途而废。

里挑外撅 阳奉阴违，搬弄是非。

撅竖小人 撅竖：卑鄙，恶劣。对卑劣小人的蔑称。

人地生疏 人事不熟，地方陌生。指初到一地，对当地的人事和地理都不熟悉。

疏财仗义 疏财：以财物分人。讲义气，轻视钱财。多指出钱帮助遭难的人。

义形于色 仗义不平的神情表现在脸上，形容非常义愤。
色艺双绝 女子姿色和技艺都绝无仅有，非常美妙。
绝处逢生 绝处：死路。形容陷于绝望的困境中遇到生路。
生死未卜 或生或死结果尚难测定。
卜数只偶 卜：占卜；数：气数；只：仅；偶：偶然。占卜有时灵验，只是偶然巧合。比喻刚好碰巧。
偶语弃市 偶语：相对私语；弃市：在闹市执行死刑。指在暴政下，二人相对私语也会遭到杀身之祸。
市不二价 指买卖公道，不相欺诈。形容社会风气好。同“市无二价”。
价值连城 形容物品十分贵重。
城下之盟 指在敌方兵临城下时被迫签订的屈服的和约。
盟山誓海 犹海誓山盟。对着山海盟誓。极言男女相爱，坚贞不渝。
海不波溢 海上风平浪静，没有波浪。比喻平安无事。
溢美之词 溢：水满外溢，引申为过分。过分吹嘘的话语。亦作“溢美之言”。
词不逮理 词：言语，词句。逮：到；及。指说话、写文章时所用的词句不能充分、确切表达出思想感情。
理不胜辞 道理不能胜过文辞。指由于不善于推理立论，尽管文辞丰富多彩，道理并不充分。

【典故】

城下之盟

绞国是春秋时代的一个小国，在今湖北郧县西北。当时强大的楚国就是它的近邻。据《左传·桓公十二年》载，有一次，楚国侵略绞国，集中兵力攻打绞国国都的南门。绞国人坚决保卫，严守不出。楚军一时倒也攻它不下。“莫敖”（楚国官名）屈瑕说：“绞国人轻率，缺乏计谋，我们可以采取诱骗的办法引诱他们出城。让我们的伙夫去打柴，故意不派士兵保护，他们见了一定会出来抓的。”带兵的将领，依计而行。绞国人果然出来，一下就抓去了30个楚国人。第二天，绞国人更加大胆，争着从北门纷纷出城，追到山里去抓打柴的楚国人。楚军预先在山里设下埋伏，这时就一面堵住北门，一面伏兵齐起，把绞国打得大败。于是强迫绞国订立了“城下之盟”。“城下之盟”，指战败国在敌人兵临城下（或大军压境）的严重威胁下被迫订立的屈辱性条约。

第23课 辞微旨远

辞微旨远－远不间亲－亲痛仇快－快步流星
星罗棋布－布衣蔬食－食不充饥－饥餐渴饮
饮食起居－居仁由义－义海恩山－山盟海誓
誓死不二－二意三心－心口不一－一家之言
言发祸随－随波逐尘－尘羹涂饭－饭来开口
口不择言－言不及私－私房关目－目不识字

【释义】

辞微旨远 辞：文辞，言词。微：隐蔽，精深。旨：意思，目的。言词隐微而表达的意思很深远。

远不间亲 间：离间。关系疏远者不参与关系亲近者的事。

亲痛仇快 做事不要使自己人痛心，使敌人高兴。指某种举措只利于敌人，不利于自己。

快步流星 形容步子跨得大，走得快。

星罗棋布 罗：罗列；布：分布。像天空的星星和棋盘上的棋子那样分布着。形容数量很多，分布很广。

布衣蔬食 蔬食：粗食。穿布衣，吃粗粮。形容生活俭朴。

食不充饥 形容艰难贫困，勉强维持生活。

饥餐渴饮 饿了吃饭，渴了喝水。形容生活必需。

饮食起居 指人的日常生活。

居仁由义 内心存仁，行事循义。

义海恩山 情深似海，恩重如山。喻恩情道义深厚。

山盟海誓 盟：盟约；誓：誓言。指男女相爱时立下的誓言，表示爱情要像山和海一样永恒不变。

誓死不二 誓死：立下志愿，至死不变。至死也不变心。形容意志坚定专一。

二意三心 形容犹豫不决，拿不定主意或意志不坚定。

心口不一 心里想的和嘴上说的不一样。形容人的虚伪、诡诈。

一家之言 指有独特见解、自成体系的学说或论著。或者是指个人的见解。

言发祸随 话一出口，祸患随之而来。同“言出祸从”。

随波逐尘 犹言随波逐流。比喻没有坚定的立场，缺乏判断是非的能力，只能随着别人走。

尘羹涂饭 涂：泥。尘做的羹，泥做的饭。指儿童游戏。比喻没有用处的东西。

饭来开口 指吃现成饭。形容不劳而获，坐享其成。同“饭来张口”。

口不择言 指情急时说话不能正确用词表达或指说话随便。

言不及私 言谈之中不涉及个人私事。比喻为官忠心，一心为国。

私房关目 关目：事情，情节。指秘密的事情。

目不识字 形容连一个字也不识。同“目不识丁”

【典故】

亲痛仇快

“亲痛仇快”这句成语，出自东汉时朱浮给彭宠的一封信中有“凡举世无为亲厚者所痛，而为见仇者所快”句。

朱浮，字叔元；彭宠，字伯通；都是汉光武帝的将军。朱浮担任“幽州牧”，彭宠担任“渔阳太守”。汉光武帝刘秀打下东汉天下，继承西汉，做了皇帝，朱浮和彭宠都是有过功劳的。彭宠很自负，以为应当封王，结果很失望，因此对朝廷颇有不满。

当时渔阳郡（今北京以东、天津以北的唐山一带）归幽州管辖（今河北省、辽宁省都属旧幽州地），朱浮所以还是彭宠的上司，这一点也是彭宠所不满的。两人于是闹了一些意见。朱浮把彭宠的不满情绪，秘密报告光武帝，光武帝便召彭宠回京（那时京城在洛阳）。彭宠知道是朱浮告了状，大怒，拒不奉召，并且发兵进攻朱浮。朱浮便写了一封信给彭宠。《汉书·朱浮传》中有这封信的全文。

信的大意是指责彭宠不应自恃功高，骄傲狂妄，如有理由，应进京到朝，详细说明，怎可不顾后果，兴兵造反。末一句说："凡举事无为亲厚者所痛，而为见仇者所快！（做任何事情都别让自己人觉得痛心，而让敌人感到高兴！）"

这一句话后来成为成语"亲者所痛，仇者所快"，或"亲者痛，仇者快"，或"亲痛仇快"，形容不利于己、反利于敌的错误行为。

第24课　字顺文从

字顺文从－从井救人－人一己百－百计千心
心颤魂飞－飞刍挽粟－粟红贯朽－朽索驭马
马鹿易形－形具神生－生荣死哀－哀感中年
年头月尾－尾大不掉－掉臂不顾－顾小失大
大惑不解－解发佯狂－狂悖无道－道义之交
交口同声－声动梁尘－尘垢秕糠－糠秕在前

【释义】

字顺文从　用词行文自然妥帖，表达清楚。

从井救人　跳到井里去救人。指对别人并无好处而徒然危害自己的行为。比喻冒极大危险去拯救别人。

人一己百　别人一次就做好或学会的，自己做一百次，学一百次。比喻以百倍的努力赶上别人。

百计千心　指想尽或用尽一切办法。

心颤魂飞　形容惊恐不安。

飞刍挽粟　飞：形容极快；刍：饲料；挽：拉车或船；粟：小米，泛指粮食。指迅速运送粮草。

粟红贯朽　粟：小米；红：指腐烂变质；贯：穿线的绳子；朽：腐烂。谷子变色了，钱串子损坏了。形容太平时期富饶的情况。

朽索驭马　用腐烂的绳索驾驭奔驰的马。形容倾覆的危险十分严重。多含戒惧之意。亦作“腐索御马”。

马鹿易形　出自赵高指鹿为马的故事，比喻颠倒是非、混淆黑白。

形具神生 形：形体；神：精神。人的形体具备，精神随之产生。

生荣死哀 活着受人尊敬，死了使人哀痛。

哀感中年 形容人到中年对亲友离别的伤感情绪。

年头月尾 指从岁首到腊月底，泛指一年之中。也指《春秋》三传每年首尾的文字。唐时试官常撷取以试应试明经科士子是否熟谙经传本文。

尾大不掉 掉：摇动。尾巴太大，掉转不灵。旧时比喻部下的势力很大，无法指挥调度。现比喻机构庞大，指挥不灵。

掉臂不顾 掉：摆动。摆动着手臂，头也不回。形容毫无眷顾。

顾小失大 因贪图小利而损失大利。

大惑不解 感到非常迷惑，不能理解。

解发佯狂 解发：把头发散开。佯：假装。散开头发假装癫狂。

狂悖无道 狂悖：狂妄背理。狂妄猖獗，蛮不讲理。

道义之交 交：交情，友谊。有道德有正义感的交往和友情。指互相帮助，互相支持的朋友。

交口同声 犹言众口一词。所有的人都说同样的话。

声动梁尘 形容歌声嘹亮动人。

尘垢秕糠 比喻琐碎而没有用的东西。

糠秕在前 糠秕：谷皮和瘪谷，比喻无价值的东西。形容自己不如别人。

【典故】

生荣死哀

孔子的弟子中有一位姓端木，名赐，字子贡的卫国人。他比孔子小31岁，对孔子非常敬重。

有一次，有位名叫陈子禽的人问子贡："你对孔子是出于客气吧，难道他真比你还强吗？"子贡回答说："君子可以从一句话中看出他是有知识的，也可以从一句话中看出他是无知识的，所以说话不可以不谨慎啊！孔子他老人家别人是不可能赶得上的，这就好比是上天不可能用阶梯爬上去一样。他老人家，如果能得国而成为诸侯，或者得到采邑而成为卿大夫，那么就会出现我们所说的那种情景：一叫百姓人人能立足于社会，百姓自会人人能立足于社会；一引导百姓，百姓自会前进；一安抚百姓，百姓自会从远方来投靠；一动员百姓，百姓自会同心协力。孔子他老人家，可以说是其生也荣，其死也哀，我和其他人怎么能够赶得上他呢？"

子贡回话中的"其生也荣，其死也哀"，后来成了成语"生荣死哀"，用来形容一个人生前死后都受到人们的尊崇。

第25课 前车之鉴

前车之鉴－鉴空衡平－平白无故－故剑情深
深切著白－白眉赤眼－眼馋肚饱－饱经霜雪
雪鬓霜毛－毛遂坠井－井中求火－火光烛天
天府之国－国步艰难－难分难舍－舍本求末
末学陋识－识荆恨晚－晚节不保－保残守缺
缺吃少穿－穿房入户－户给人足－足不出门

【释义】

前车之鉴 前面车子翻倒，后面的车子可引为教训。比喻先前的失败，可以作为以后的教训。鉴：镜子，引申为借鉴、教训。

鉴空衡平 犹言明察持平。

平白无故 平白：凭空；故：缘故，原因。指无缘无故，没有道理，没有原因。

故剑情深 故剑：比喻结发之妻。结发夫妻情意浓厚。指不喜新厌旧。

深切著白 深刻而显明。同"深切著明"。

白眉赤眼 比喻平白无故。

眼馋肚饱 形容人贪心大，没有满足的时候。

饱经霜雪 饱：充分；经：经历；霜雪：比喻艰难困苦。形容经历过长期的艰难困苦的生活和斗争。

雪鬓霜毛 指老年人。同"雪鬓霜鬓"。

毛遂坠井 亦称"野人毛遂"，指不可靠的传闻。

井中求火 在水井里去寻求火。比喻方法或方向不对，根本达不到目的。

火光烛天 火光把天都照亮了。形容火势极大（多指火灾）。

天府之国 天府：天生的仓库；国：地区。原指土地肥沃、物产丰富的地区。后专指四川。

国步艰难 指内忧外患频起，国家的前途和命运面临严峻的考验。

难分难舍 分：分离；舍：放下。形容感情很好，不愿分开。亦作“难舍难分。”

舍本求末 抛弃根本，追求枝节。比喻不抓根本环节，而只在小问题上下工夫。

末学陋识 末学：学无根底；陋识：学识肤浅。指学问没有从根本上下功夫，只学到一点皮毛。

识荆恨晚 遗憾自己与某人特别是知己或有才能的人相识太晚了。

晚节不保 晚节：指晚年的节操。已经到了晚年却未能保住自己的节操。也指事情快成功的时候却失败了。

保残守缺 ①指汉代今文经学派儒生墨守残缺不全的今文经典而拘执一家之言。后常用以比喻泥古守旧，不知改进。②指保藏残缺的古籍文献。

缺吃少穿 指衣食困乏。亦作“缺吃短穿”。

穿房入户 穿：通过；户：门户。随意出入人家内室。形容很熟的人或不正经的人。

户给人足 给：丰足，富裕。家家衣食充裕，人人生活富足。

足不出门 不出大门一步。指闭门自守。

【典故】

故剑情深

西汉宣帝（小名刘病已），小时候流落民间，生活凄苦，有一位与他一起共患难的妻子。后来刘病已做了皇帝，但夫妻却已失散了。有一天大臣们提起立皇后的事来，宣帝对大臣们所拟的皇后名单没加表态，却说：“我以前用过一把剑，可如今却流失在民间，你们帮我找回来。”这一来大臣们就知道宣帝心目中的皇后是他在民间的患难之妻，于是就把她找了回来，立为了皇后。这就是“故剑情深”的典故。

第26课 门殚户尽

门殚户尽－尽信书不如无书－书缺简脱
脱天漏网－网目不疏－疏食饮水－水净鹅飞
飞鸟依人－人生何处不相逢－逢君之恶
恶直丑正－正经八百－百川朝海－海怀霞想
想方设法－法不阿贵－贵不凌贱－贱敛贵出
出有入无－无所用心－心开目明－明查暗访

【释义】

门殚户尽 指全家死亡。

尽信书不如无书 泛指读书不要拘泥于书上或迷信书本。

书缺简脱 简：古代供书写用的竹、木简。脱：丢失。谓书简散佚残缺。

脱天漏网 指不受约束地胡作非为。

网目不疏 网目：指法网；疏：疏漏。比喻法令法规细致周密。

疏食饮水 指粗饭淡汤，饮食简单。

水净鹅飞 比喻恩情断绝，各走各的路。也比喻精光，一点儿也不剩。

飞鸟依人 依：依恋。飞来的小鸟依偎在人的身边。比喻依附权贵。亦比喻小孩、少女娇小柔顺，可亲可爱的情态。

人生何处不相逢 指人与人分手后总是有机会再见面的。

逢君之恶 执迎合昏庸的执政者，引他去干坏事。

恶直丑正 使奸邪者改恶从善。亦指嫉害正直的人。
正经八百 ①正经的，严肃认真的。②犹名副其实。
百川朝海 众水奔流趋向大海。多比喻无数分散的事物都汇集到一处。
海怀霞想 本托意仙游。后指远游隐居之思。
想方设法 尽量想办法。
法不阿贵 法律即使是对高贵的人，有权势的人也不徇情。形容执法公正，法律面前人人平等。
贵不凌贱 凌：欺侮，逼迫。富贵的人不欺侮贫贱的人。
贱敛贵出 低价买进，高价卖出。
出有入无 出入于有无之中。
无所用心 不动脑子，对什么事情都不关心。
心开目明 犹心明眼亮。形容看问题敏锐，能辨别是非。
明查暗访 明里调查，暗中访问。指多方面调查了解情况。

【典故】

尽信书不如无书

殷商末年，周武王即位后4年，得知商纣王的商军主力远征东夷，朝歌（古地名）空虚，即率兵伐商。周武王率本部及八个方国部落军队，进至牧野。爆发了历史上著名的牧野之战。

商纣王惊闻周军来袭，仓促调动少量的防卫兵士和战俘，开赴牧野迎战。商军的兵力和周军相比悬殊很大，但忠于纣王的将士们都决心击退来犯之敌，展开了一场异常激烈的殊死搏斗。

后来，《尚书·武成》一篇上说：“受（纣王）率其旅如林，会于牧野。罔有敌于我师（没有人愿意和我为敌），前徒倒戈，攻于后以北（向后边的自己人攻击），血流漂杵。”

战国时期的孟子，一次阅读了《尚书·武成》一篇，颇有感慨。他说："尽信书，则不如无书。吾于《武成》取二三策而已矣。仁人无敌于天下。以至仁伐至不仁，而何以血之流杵也？"孟子认为，像周武王这样讲仁道的人，讨伐商纣王这样极为不仁的人，怎么会使血流成河呢？孟子不相信《尚书》中的这个记载，才说了这段话。意思是提醒人们，读书时应该加以分析，不能盲目地迷信书本。

现比喻读书时应该加以分析，不能盲目地迷信书本，不能完全相信它，应当辨证地去看问题。

第27课 访论稽古

访论稽古－古井无波－波流茅靡－靡衣偷食
食指大动－动不失时－时运亨通－通共有无
无所不知－知我罪我－我辈情钟－钟鼎山林
林寒涧肃－肃然生敬－敬时爱日－日炙风吹
吹灰之力－力薄才疏－疏财重义－义不容却
却步图前－前目后凡－凡偶近器－器小易盈

【释义】

访论稽古 访：查访；稽：查对。讨论考究古代的事情。
古井无波 古井：枯井。比喻内心恬静，情感不为外界事物所动。
波流茅靡 随波逐流，随风而倒。比喻胸无定见，趋势而行。
靡衣偷食 靡：华丽；偷：苟且。谓穿华丽之衣，苟且而食。形容预感末日将临，不作长久打算，浑浑噩噩过着奢华的日子。
食指大动 原指有美味可吃的预兆，后形容看到有好吃的东西而贪婪的样子。
动不失时 时：时宜，时机。行动不失时机。指不做不切合时宜的事。
时运亨通 时运好，诸事顺利。
通共有无 指互相接济；互通有无。
无所不知 什么事情都知道，没有不懂得的。
知我罪我 形容别人对自己的毁誉。
我辈情钟 钟：集中；我辈：我们，我等。我们这些人最富于情感，容易动感情。

钟鼎山林 比喻富贵和隐逸。

林寒涧肃 指秋冬间林木凋零、涧水枯落的景象。

肃然生敬 形容产生严肃敬仰的感情。同“肃然起敬”。

敬时爱日 指珍惜时间。

日炙风吹 日头烤，烈风吹，多形容长途跋涉之苦。

吹灰之力 比喻极轻微的力量。

力薄才疏 力量和才能都很有限。多用于谦词。

疏财重义 讲义气，轻视钱财。多指出钱帮助遭难的人。同“疏财仗义”。

义不容却 义：道义；容：允许；却：推托。道义上不允许推辞。

却步图前 却步：向后退。比喻向后退是为了前进。

前目后凡 目：细目；凡：概略。《春秋》的一种笔法，一件事在文中重复出现，对前者详加说明，后者概略叙述。

凡偶近器 指平庸之辈；普通人才。

器小易盈 盈：满。器物小，容易满。原指酒量小。后比喻器量狭小，容易自满。

【典故】

古井无波

白居易诗《寄赠元九》：“无波古井水，有节秋竹竿。”

枯干的古井，当然不可能兴起波澜。——这是从前赞扬守节妇女的，所以白居易把“古井无波”和“秋竹有节”作对句联在一起。

其实这两句也可以不限于形容妇女的守节。凡是意志消沉、寂寞孤僻，不轻易动情，就可以叫做“古井无波”或“古井不波”。消沉的心情，重新振作和活跃起来，可叫做“古井重波”。正直的人，到了晚年，始终坚贞不屈，忠诚不移，也可叫做“秋竹有节”。

第28课 盈盈一水

盈盈一水－水秀山明－明察暗访－访贫问苦
苦不堪言－言不及义－义不容隐－隐恶扬善
善罢甘休－休明盛世－世道人心－心长发短
短衣匹马－马入华山－山崩钟应－应答如流
流芳百世－世道日衰－衰季之风－风餐露宿
宿弊一清－清闲自在－在此一举－举鼎拔山

【释义】

盈盈一水 比喻相隔不远。

水秀山明 山光明媚，水色秀丽。形容风景优美。

明察暗访 从明里细心察看，从暗里询问了解。指多方面观察了解情况。

访贫问苦 访问贫苦的老百姓。

苦不堪言 指痛苦得无非用言语来形容。

言不及义 及：涉及；义：正经的道理。指净说些无聊的话，没有一句正经的。

义不容隐 隐：隐瞒。就道理上讲不应隐瞒，理应直言。

隐恶扬善 隐：隐匿；扬：宣扬。不谈人的坏处，光宣扬人的好处。

善罢甘休 善：好好地；甘：情愿，乐意；罢、休：停止，了结。心甘情愿地罢休。指好好地了结纠纷，不再使事态持续下去。

休明盛世 休明：美好，清平；盛：兴旺；世：世代。美好清平的兴盛时代。

世道人心 社会的风气，人们的思想。

心长发短 心长：智谋深；发短：指年老。头发稀少，心计很多。形容年老而智谋高。

短衣匹马 短衣：短装。古代为平民、士兵等服装。穿着短衣，骑一匹骏马。形容士兵英姿矫健的样子。

马入华山 兵器藏进武库，军马放入华山。谓天下太平。

山崩钟应 比喻事物互相感应。

应答如流 对答像流水一样。形容答语敏捷流利。

流芳百世 好的名声永远流传下去。

世道日衰 世道：社会风气；日：日益；衰：衰败。社会风气一天天地败落。

衰季之风 衰季：末世。末世的不良风气。

风餐露宿 形容旅途或野外生活的艰苦。也说露宿风餐、餐风宿露。

宿弊一清 多年的弊病一下就肃清了。

清闲自在 清静空闲，无拘无束。形容生活安闲舒适。

在此一举 在：在于，决定于；举：举动，行动。指事情的成败就决定于这一次的行动。

举鼎拔山 能将大鼎举起，能将高山拔动。比喻力大气壮。

【典故】

山崩钟应

魏时，宫殿前的大钟无故响了起来，人们都非常奇怪，前去问通晓博物的张华。张华说："这是蜀郡的铜山崩塌了，所以钟产生感应而鸣响起来。"后来便以"山崩钟应"比喻事物相互间的联系与感应。

第29课 山不厌高

山不厌高－高不可攀－攀蟾折桂－桂馥兰香
香饵死鱼－鱼肠尺素－素昧生平－平地起家
家常茶饭－饭粝茹蔬－蔬食布衣－衣被苍生
生齿日繁－繁花似锦－锦被一床－床头金尽
尽欢而散－散发抽簪－簪笔磬折－折长补短
短中取长－长才广度－度外之人－人尽其才

【释义】

山不厌高 山不嫌其高。比喻品行越高尚越好。

高不可攀 攀：抓住高处的东西向上爬。高得手也攀不到。形容难以达到。也形容人高高在上，使人难以接近。

攀蟾折桂 攀登蟾宫，折取月桂。喻科举登第。

桂馥兰香 桂、兰：两种散发芳香的花；馥：香。形容气味芳香。

香饵死鱼 言游鱼必为贪食香饵而死，告诫人们不能贪图眼前微利。

鱼肠尺素 尺素：古代用绢帛书写，通常长一尺，因此称尺素。指传递书信。

素昧生平 彼此一向不了解。指与某人从来不认识。同“素昧平生”。

平地起家 比喻原来没有基础而建立了一番事业。

家常茶饭 家庭中的日常饮食。多用比喻极为平常的事情。

饭粝茹蔬 粝：糙米。吃糙米和蔬菜。形容饮食粗劣。

蔬食布衣 穿布衣，吃粗粮。形容生活俭朴。

衣被苍生 被：同“披”；苍生：百姓。把衣服给百姓穿上或披上。比喻广施恩惠于百姓。

生齿日繁 生齿：指人口；繁：多。人口一天天多起来。

繁花似锦 繁：多；锦：丝织品。无数色彩鲜艳的花，好像漂亮的锦缎；形容美好的景色和美好的事物。

锦被一床 比喻请求别人通融、庇护。

床头金尽 床头钱财耗尽。比喻钱财用完了，生活受困。

尽欢而散 尽情欢乐之后才分别离开。多指聚会、宴饮或游乐。

散发抽簪 抽掉发簪，散乱头发。比喻弃官隐居。

簪笔磬折 古代插笔备礼，曲体作揖，以示恭敬。

折长补短 截取长的，补充短的。比喻用长处补短处。

短中取长 指于一般中选择比较好的。

长才广度 指才能出众器量宏大的人。

度外之人 度外：心在计度之外。指与某人或某集团没有关系或关系不近的人。即局外人。

人尽其才 每个人都能充分发挥自己的才能。

【出处】

鱼肠尺素

“鱼肠尺素”出自北周代庾信《谢滕王集序启》：“鱼肠尺素，凤足数行，书此谢辞，终知不尽。”

折长补短

“折长补短”出自《韩非子·初见秦》：“今秦地折长补短，方数千里，名师数十百万，轮船国之号令赏罚，地形利害，天下莫如也。”

第30课 才高气清

才高气清－清辞丽曲－曲高和寡－寡不敌众
众寡不敌－敌国外患－患难之交－交口称誉
誉过其实－实与有力－力敌万夫－夫唱妇随
随才器使－使臂使指－指矢天日－日近长安远
远隔重洋－洋为中用－用钱如水－水流花谢
谢天谢地－地瘠民贫－贫贱之知－知命乐天

【释义】

才高气清 指才能高超而气质清峻。

清辞丽曲 指清新美丽的词曲。同“清词丽句”。

曲高和寡 和：附和；寡：少。曲调高雅，能跟着唱的人就少。用来比喻知音难得。又被用来比喻说话、写文章不通俗，能理解的人很少。比喻言论或作品不通俗，难于为人接受。

寡不敌众 人少的抵挡不住人多的。

众寡不敌 众：多；寡：少；敌：抵挡。少数敌不过多数。

敌国外患 指来自敌对国家的侵略骚扰。

患难之交 患难：危险和艰苦的处境；交：交情，朋友。在一起经历过艰难困苦而深交的朋友。不同的朋友关系之间的称谓，在遇到磨难时结成的朋友就是患难之交。

交口称誉 异口同声地称赞。

誉过其实 名声超过了真实的本领。

实与有力 与：参与，在里面。确实在里边出了力。

力敌万夫 形容力量超人。

夫唱妇随 随：附和。原指封建社会认为妻子必须服从丈夫，后比喻夫妻和好相处。

随才器使 根据长处，安排适当的工作。

使臂使指 像使用自己的手臂和手指一样。比喻指挥自如。

指矢天日 指着天、日发誓，表白心迹。同“指天誓日”。

日近长安远 长安：西安，古都城名，后为国都的统称。旧指向往帝都而不能达到。

远隔重洋 重洋：辽阔无边的海洋。远远地渡过海洋。

洋为中用 批判地吸收外国文化中一切有益的东西，为我所用。

用钱如水 花钱如同流水一样，没有节制。形容挥霍无度，不爱惜钱财。

水流花谢 谢：脱落。指河水流逝，花儿也凋谢了。形容景色凋零残败，用来比喻局面残破，好景已不存在，无法挽回。亦作“花谢水流”。

谢天谢地 表示目的达到或困难解除后满意轻松的心情。

地瘠民贫 土地瘠薄，人民贫穷。

贫贱之知 贫困时结交的知心朋友。同“贫贱之交”。

知命乐天 命：命运；天：天意。安于自己的处境，由命运安排。这是相信宿命论的人生观。

【典故】

曲 高 和 寡

宋玉是楚国伟大诗人屈原的学生。有一天，楚襄王问宋玉：“现在不少人对你有意见，你是不是有什么不对的地方？”

宋玉转弯抹角地回答说："有位歌唱家在我们都城的广场上演唱，唱《下里》《巴人》这些通俗歌曲时，有几千听众跟着唱起来；唱《阳春》《白雪》这类高深歌曲时，能跟着唱的只有几十人；到了唱更高级的歌曲时，跟着唱的只有几个人了。从这里可以看出，曲调越是高深，能跟着一起唱的人就越少。"

宋玉这段话的意思是说自己品行高超，一般的人不能了解，所以有人说三道四。

中级练习

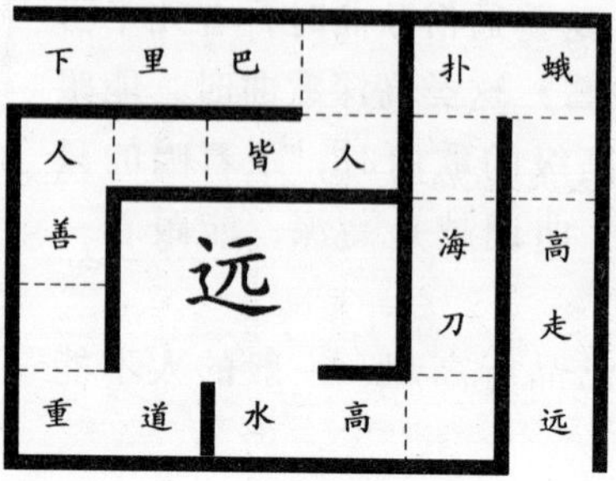

第 1 题

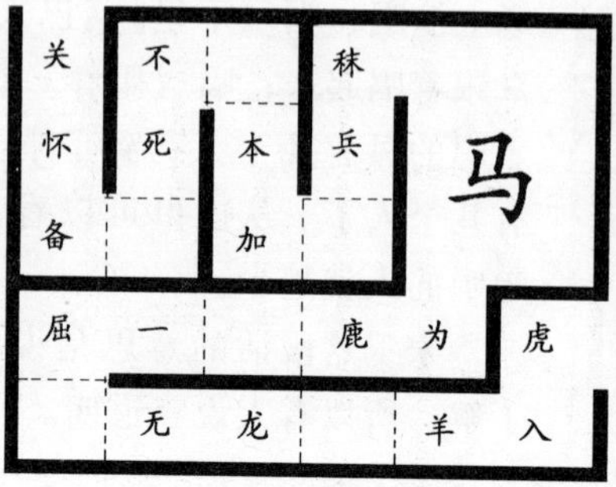

第 2 题

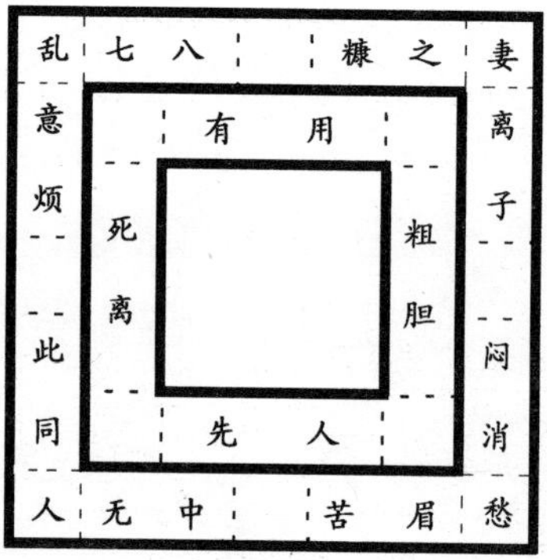

第 3 题

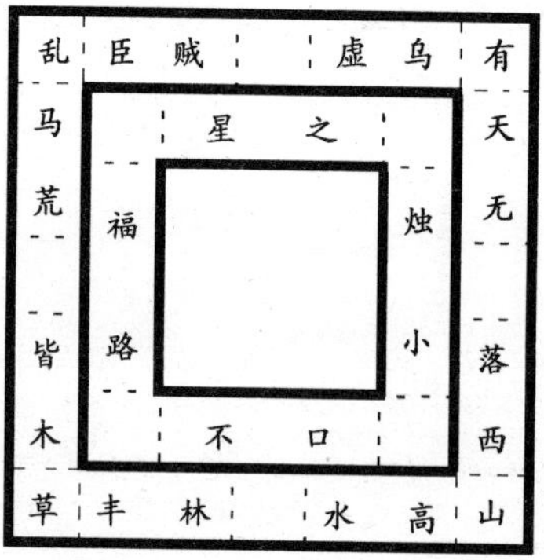

第 4 题

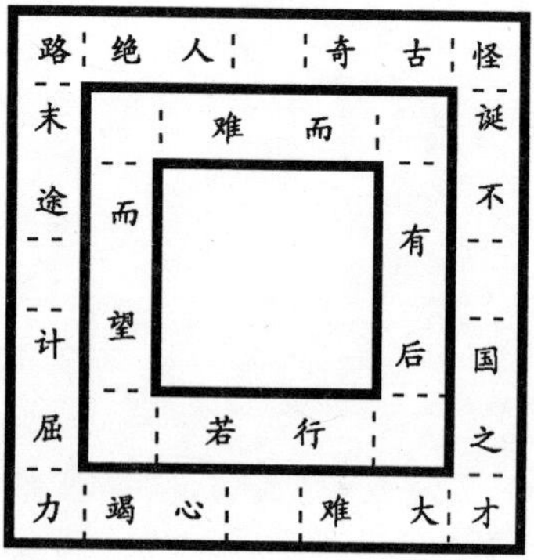

第 5 题

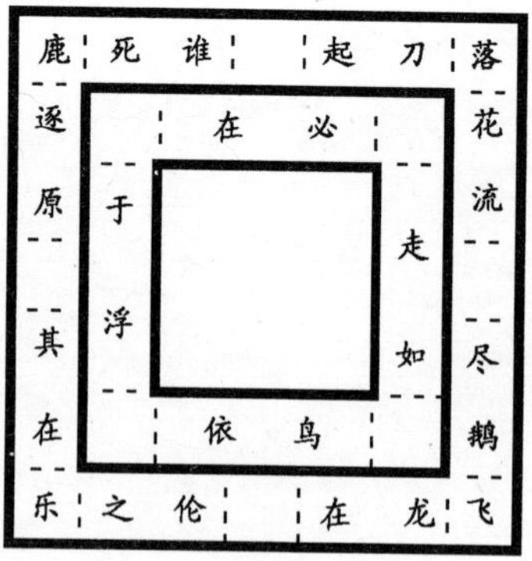

第 6 题

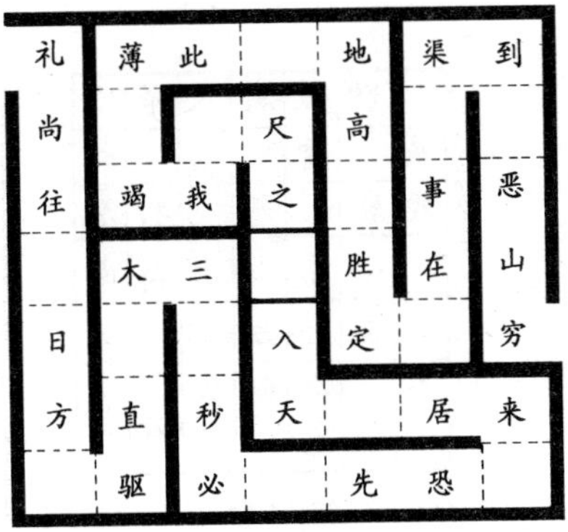

第 7 题

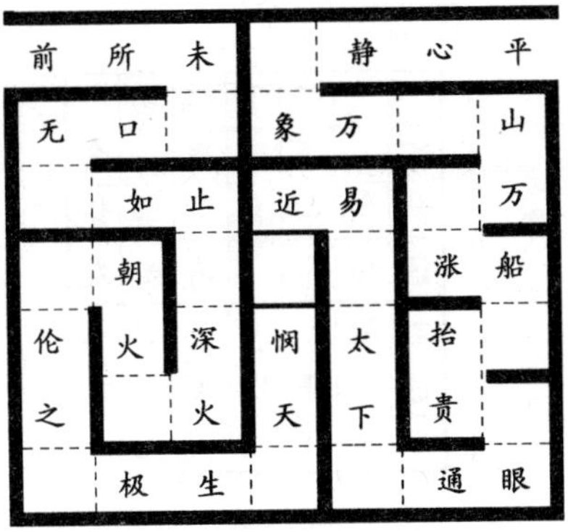

第 8 题

第 9 题

第 10 题

海	人	海	凭	伤	容	省
底	之	阔	空	天	光	方
捞	常	天	捏	害	焕	观
下	深	口	谣	所	人	不
老	似	无	中	不	深	聊
人	海	凭	伤	容	省	生

第 11 题

骇	起	景	日	北	天	治
人	死	星	薄	道	长	国
听	回	庆	西	主	地	安
声	情	开	南	定	安	般
而	见	见	海	胜	长	国
起	景	日	北	天	治	富

第 12 题

	人	泣	下	指	功	
言		不	逐	鹿		念
乱	所		客		垂	俱
语	向	声		马	成	灰
不	隅		人		千	心
惊		俱	发	成		丧
	泣	下	指	功	万	

第 13 题

	掉	傲	思	人	地	
头		雪	前	才		忆
蛇	轻		想		物	犹
尾	心	霜		出	博	新
大	高		发		闻	来
不		之	制	头		乍
	傲	思	人	地	记	

第 14 题

	合	合	泥	泥	山	
悔		浦	如	塑		高
不	欢		醉		树	水
及	悲	珠		雕	剑	低
时	生		石		求	三
行		沧	枯	篆		下
	乐	海	海	刻	刻	

第 15 题

	食	食	呼	呼	水	
起		不	大	风		火
之	寝		声		光	无
秀	废	口		雨	月	情
外	而		之		秋	深
惠		悬	鱼	天		似
	中	河	河	晴	晴	

第 16 题

	眼	眼	岁	岁	石	
水		明	百	月		火
猛	眉		命		井	电
兽	愁	快		流	下	光
聚	消		心		日	明
鸟		快	重	百		正
	散	语	语	世	世	

第 17 题

	求	求	长	长	跃	
顾		全	方	治		然
之	寐		日		腾	纸
忧	梦	备		安	龙	上
能	如		甘		马	下
伤		辛	尽	当		一
	人	苦	苦	车	车	

第 18 题

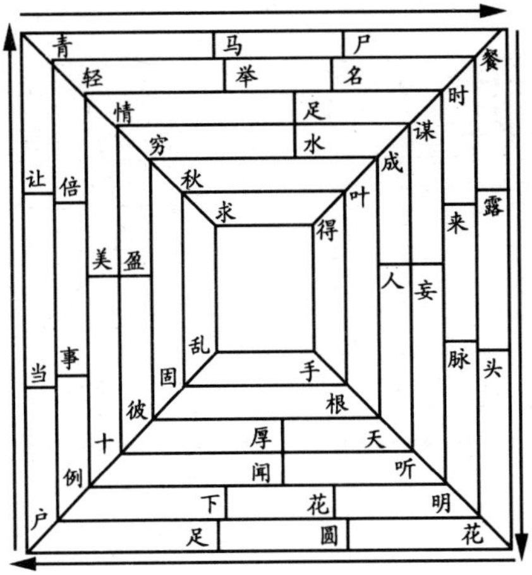

第 19 题

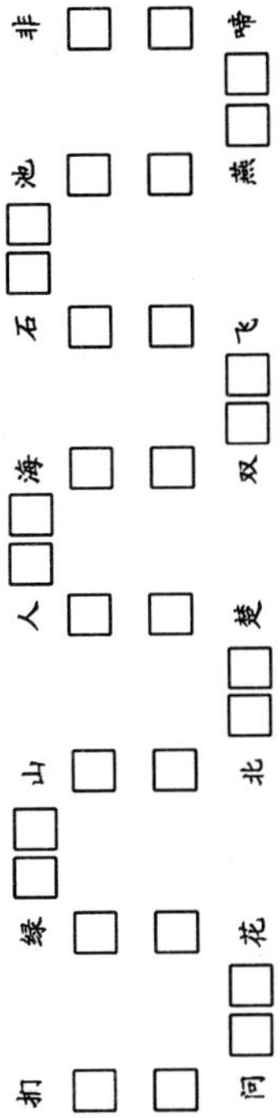

第 20 题

高级班

第1课 天行时气

天行时气－气冲霄汉－汉官威仪－仪表堂堂
堂堂一表－表里相依－依依惜别－别具一格
格高意远－远害全身－身当矢石－石火光阴
阴差阳错－错节盘根－根结盘固－固不可彻
彻里彻外－外交辞令－令不虚行－行不由路
路绝人稀－稀世之宝－宝窗自选－选兵秣马
马腹逃鞭－鞭辟入里－里外夹攻－攻城野战
战无不克－克爱克威－威德相济－济世救人

【释义】

天行时气 行：流行；时：季节，气候；气：疫气，疾病。因气候不正常而引起的流行病。

气冲霄汉 形容魄力非常大。

汉官威仪 原指汉朝官吏的服饰制度。后常指汉族的统治制度。

仪表堂堂 仪表：人的外表举止；堂堂：端正、大方、威严的样子。形容人外表端正、举止大方、姿态威严。

堂堂一表 形容身材魁伟，相貌出众。

表里相依 指关系密切，互相依存。

依依惜别 依依：留恋的样子；惜别：舍不得分别。形容十分留恋，舍不得分开。

别具一格 别：另外。另有一种独特的风格。

格高意远 指文章的格调高雅，含意深远。

远害全身 促使自身远离祸害。同“全身远害”。

身当矢石 形容亲自抵挡敌人进攻。

石火光阴 表示光阴之迅速，一眨眼就要过去。

阴差阳错 比喻由于偶然的因素而造成了差错。

错节盘根 错：交错；节：枝节；盘：盘曲。树木的根枝盘旋交错。比喻事情纷难复杂，不易解决。

根结盘固 比喻关系错综牢固。

固不可彻 固：固执；彻：透彻，明白。非常固执，无法说服。

彻里彻外 彻：贯通，深透。从里到外，完完全全。

外交辞令 适合于外交场合的话语。借指客气、得体而无实际内容的话。

令不虚行 指制定的法令必须切实执行。

行不由路 路：小路，引申为邪路。从来不走邪路。比喻行动正大光明。

路绝人稀 指道路阻绝，人烟稀少。

稀世之宝 稀世：世所稀有。世上稀有的珍宝。

宝窗自选 比喻女子婚姻自主。

选兵秣马 选好兵器喂饱战马。指作好战前准备。

马腹逃鞭 比喻躲脱惩罚。

鞭辟入里 鞭辟：鞭策，激励；里：最里层。形容作学问切实。也形容分析透彻，切中要害。

里外夹攻 从里、外两方面配合同时进攻。

攻城野战 城：城池。攻打城池，野外作战。

战无不克 攻战没有不取胜的。形容强大无比，可以战胜一切。

克爱克威 指恩威得当而使人心悦诚服。

威德相济 威：威势；德：恩德；济：补充。威力和恩德交互施用，相辅相成。

济世救人 济：拯救。拯治时世救济人民。

【出处】

表里相依

“表里相依”出自《资治通鉴·秦始皇二十六年》：“三晋者，齐楚之藩蔽，齐楚者，三晋之根柢；形势相资，表里相依。”

身当矢石

“身当矢石”出自《晋书·王鉴传》：“昔汉高、光武二帝，征无远近，敌无大小，必手振金鼓，身当矢石，栉风沐雨，壶浆不赡，驰骛四方。”

里外夹攻

“里外夹攻”出自《新五代史·吴越世家》：“乃取其军号，内外夹攻，号令相应，淮人以为神，遂人败之。”

第2课 人命危浅

→ 人命危浅－浅斟低酌－酌古斟今－今愁古恨
恨相知晚－晚节黄花－花花太岁－岁聿云暮
暮景残光－光前裕后－后福无量－量己审分
分形同气－气冲牛斗－斗而铸锥－锥出囊中
中饱私囊－囊括四海－海不扬波－波骇云属
属人耳目－目不忍视－视民如伤－伤风败化
化鸱为凤－凤泊鸾飘－飘风暴雨－雨迹云踪
踪迹诡秘－秘而不露－露影藏形－形势逼人 →

【释义】

人命危浅 浅：时间短。形容寿命不长，即将死亡。

浅斟低酌 斟：执壶注酒茶。斟着茶酒，低声歌唱。形容悠然自得、遣兴消闲的样子。

酌古斟今 谓斟酌古今之事，互相参照。

今愁古恨 愁：忧愁；恨：怨恨。古今的恨事。形容感慨极多。

恨相知晚 恨：懊悔；相知：互相了解，感情很深。后悔彼此建立友谊太迟了。形容新结交而感情深厚。

晚节黄花 黄花：菊花；晚节：晚年的节操。比喻人晚节高尚。

花花太岁 太岁：原指传说中的神名，借指作威作福的土豪和官宦。指穿着华丽，不务正业，只专心于吃喝玩乐的官宦和土豪。

岁聿云暮 同“岁聿其莫”。指一年将尽。聿，语气助词。

暮景残光 犹言夕阳残照。比喻年老体衰，临近死亡。

光前裕后 光前：光大前业；裕后：遗惠后代。为祖先增光，为后代造福。形容人功业伟大。

后福无量 量：限度，限量。将来的幸福无穷。

量己审分 估量自己，省察本分。

分形同气 形容父母与子女的关系十分密切。

气冲牛斗 气：气势；牛、斗：即牵牛星和北斗星，指天空。形容怒气冲天或气势很盛。

斗而铸锥 临到打仗才去铸造兵器。比喻行动不及时。

锥出囊中 囊：口袋。锥子放在口袋里，锥尖就会露出来。比喻有才能的人初露头角。

中饱私囊 中饱：从中得利。指侵吞经手的钱财使自己得利。

囊括四海 囊括：全部包括在内；四海：天下。指封建君王能统治全天下。

海不扬波 比喻太平无事。

波骇云属 犹波属云委。比喻连续不断，层见叠出。

属人耳目 属：集中在一点。指引人注意。

目不忍视 出自“目不忍视，耳不忍闻”眼睛不忍看，耳朵不忍听。形容情景很凄惨。

视民如伤 把百姓当做有伤病的人一样照顾。旧时形容在位者关怀人民。形容极其顾恤民众疾苦。

伤风败化 指败坏社会风俗。多用来谴责道德败坏的行为。

化鸱为凤 鸱：猫头鹰，古人以为凶鸟。比喻能以德化民，变恶为善。

凤泊鸾飘 比喻有才之人不得志，漂泊无定。

飘风暴雨 来势急遽而猛烈的风雨。

雨迹云踪 云和雨的踪迹。比喻往事。

踪迹诡秘 行踪隐秘难测。

秘而不露 严守秘密，不肯吐露。

露影藏形 躲躲闪闪貌。犹言藏头露尾。

形势逼人 指形势发展很快，迫使人不得不更加努力。

【典故】

恨相知晚

西汉时，灌夫立了军功而被授中郎将一职，后因故罢职，家居长安。灌夫为人刚直不阿，对那些达官贵人也敢凌辱，但对身份比自己低的人，越是贫贱越加尊敬。虽去官家居，然家资甚巨，又好任侠，很重信诺，因而交结许多豪杰之士。魏其侯窦婴，是汉文帝窦皇后的侄子，景帝时曾为丞相，显赫一时。武帝即位，窦后去世，他受到政敌武安侯田蚡的排挤而失势，郁郁不得志。魏其侯失势后，那些势利之徒纷纷依附武安侯了，而唯有灌夫态度不变，反而对他更加亲近了。魏其侯也由此更加厚待灌夫，两人相为倚重，其情感好比父子，都以结识对方而欢快，恨相知晚。后来“恨相知晚”便成为志趣相投的人因相识太晚而感到遗憾的成语。亦作“恨相见晚”或“相见恨晚”。

第3课 人急智生

人急智生－生刍一束－束身自好－好逸恶劳
劳师动众－众虎同心－心长绠短－短褐不完
完好无缺－缺一不可－可望而不可即
即小见大－大好河山－山长水阔－阔步高谈
谈古论今－今昔之感－感戴二天－天外飞来
来之不易－易道良马－马革裹尸－尸横遍野
野鬼孤魂－魂劳梦断－断发文身－身怀六甲
甲冠天下－下笔如神－神魂荡扬－扬幡擂鼓

【释义】

人急智生 在紧急情况下突然想出了好主意。

生刍一束 原意是指新割的青草一捆。后用来表示薄薄的一点儿礼物，寓意极其深厚。也指用一捆青草作为吊丧的礼物。

束身自好 束身：约束自己，不使放纵；自好：要求自己好。指保持自身纯洁。

好逸恶劳 逸：安逸；恶：讨厌、憎恨。贪图安逸，厌恶劳动。

劳师动众 原指大规模兴兵打仗，后亦指动用很多人力去做某件事，多含有小题大作的意思。

众虎同心 许多虎一条心做事。比喻众多有本事的人团结一致，力量会更大。

心长绠短 比喻力不从心。

短褐不完 短褐：粗布短衣，古代贫贱者或僮竖之服；完：完整。粗布短衣还破旧不完整。形容生活贫苦，衣衫破烂。

完好无缺 完：完整。完完整整，没有欠缺。

缺一不可 少一样也不行。

可望而不可即 能望见，但达不到或不能接近。常比喻目前还不能实现的事物。

即小见大 从小处或小事见到大道理。

大好河山 河山：国土。无限美好的祖国大地。

山长水阔 比喻道路遥远艰险。

阔步高谈 阔步：迈大步。潇洒地迈着大步，随意地高声交谈。比喻言行不受束缚。

谈古论今 从古到今无所不谈，无不评论。

今昔之感 从今天的现实回忆过去的事。

感戴二天 形容那些把人从危险、艰难、疾病当中挽救出来的人。

天外飞来 天外：意料不到的地方。后指事情出乎意料地发生，凭空而来。

来之不易 来之：使之来。得到它不容易。表示财物的取得或事物的成功是不容易的。

易道良马 易道：平坦的道路；良马：好马。坦途骏马，便于驰骋。比喻可以迅速前进，毫无阻碍。

马革裹尸 古时候出征的将士阵亡后，一般收尸都是用马皮包裹着运回营地或者家乡埋葬；形容视死如归的决心。

尸横遍野 尸体到处横着。形容死者极多。

野鬼孤魂 比喻没有依靠，处境艰难的人。

魂劳梦断 形容日夜思念，精神困乏。

断发文身 剪短头发，身上刺着花纹。是古代某些民族的风俗。

身怀六甲 六甲：传说为上帝造物的日子。指妇女怀孕。

甲冠天下 甲冠：第一。称雄天下。形容人或事物十分突出，无与伦比。

下笔如神 指写起文章来，文思奔涌，如有神力。形容文思敏捷，善于写文章或文章写得很好。

神魂荡扬 心神恍惚，难以把持。

扬幡擂鼓 同“扬铃打鼓”。比喻大声张扬。

【典故】

马革裹尸

“男儿要当死于边野，以马革裹尸还葬耳”，这是当年东汉大将马援在战场上的豪言壮语。马革裹尸就源出于此。这个词常在参军时被用来形容英勇作战，献身疆场的大无畏精神，就是说没有什么可怕的，大不了尸体用一张马皮卷起来运回故乡去罢了。下面这个豪迈的成语故事就是讲东汉大将马援的事迹。

马援作为朝中大将，曾经跟随光武帝刘秀南征北战，立下了赫赫战功。东汉王朝刚建立政权不久，边境便发生动乱。马援率领将士奔赴战场，身先士卒，大破敌军，平定了叛乱。从此，他的名声威震天下，皇帝封他为伏波将军。后来，他62岁时，匈奴又来侵犯边境，满朝文武议论纷纷。马援听说边境又有战事发生，便上朝请战，要求领兵讨伐匈奴。

皇帝担心他年纪太大，担心万一在战场上有个闪失，所以不愿答应让他出征。可是，马援不肯让步，他向皇帝请命道：“谁说臣老了？臣的筋骨硬朗着呢！臣常说，男子汉应当为国战死在战场上，也可以马革裹尸还葬。今日有此机会，又怎能退缩呢？”皇帝被他的精神所感动，只好命他为帅，率兵奔赴战场。后来，马援不幸在军中病故。他死后，人们还是念念不忘他的那句豪言壮语。并且这句话作为成语流传了下来，至今为人传诵。

第4课　鼓唇咋舌

鼓唇咋舌－舌锋如火－火山汤海－海阔天高
高城深池－池鱼堂燕－燕巢幕上－上根大器
器宇轩昂－昂首挺胸－胸中甲兵－兵荒马乱
乱箭攒心－心口如一－一生一世－世风不古
古肥今瘠－瘠己肥人－人多阙少－少条失教
教条主义－义不生财－财大气粗－粗茶淡饭
饭囊酒瓮－瓮尽杯干－干云蔽日－日久岁深
深入人心－心驰神往－往来如梭－梭天摸地

【释义】

鼓唇咋舌　形容耍弄嘴皮进行挑拨煽动。同“鼓唇摇舌”。

舌锋如火　比喻话说得十分尖锐。

火山汤海　比喻艰难危险。

海阔天高　比喻天地广阔，征程遥远。

高城深池　池：护城河。城墙很高，护城河很深。形容防卫坚固。

池鱼堂燕　比喻无辜受祸。

燕巢幕上　燕子把窝做在帷幕上。比喻处境非常危险。

上根大器　具上等根器者。亦泛指天资、才能极高的人。

器宇轩昂　器宇：指人的仪表、风度；轩昂：精神饱满的样子。形容人精力充沛，风度不凡。

昂首挺胸　昂：仰，抬起；挺胸：挺起胸膛。抬起头，挺起胸膛。形容斗志高，士气旺。

胸中甲兵 指人胸有韬略。比喻人具有军事才能。

兵荒马乱 荒、乱：指社会秩序不安定。形容战争时期社会混乱不安的景象。

乱箭攒心 乱箭一齐射在心上。比喻内心非常痛苦。

心口如一 心里想的和嘴里说的一样。形容诚实直爽。

一生一世 一辈子。

世风不古 指社会风气一天不如一天。

古肥今瘠 比喻书法的不同风格。

瘠己肥人 瘠：瘦，引申为约束；肥：胖，引申为宽大。严于律己宽以待人。

人多阙少 指求官职的人多而空额少。阙：旧时指官职的空额。

少条失教 指没规矩，无教养。

教条主义 主观主义的一种，不分析事物的变化、发展，不研究事物矛盾的特殊性，只是生搬硬套现成的原则、概念来处理问题。

义不生财 主持正义者不苟取财物。亦作“义不生财，慈不主兵。”

财大气粗 ①指富有财产，气派不凡。②指仗着钱财多而气势凌人。

粗茶淡饭 粗：粗糙、简单；淡饭：指没有下饭的菜。形容饮食简单，生活俭朴。

饭囊酒瓮 比喻只会吃饭喝酒，不会做事的人。

瓮尽杯干 原指酒已喝尽。比喻钱已用完。

干云蔽日 干：冲；蔽：遮挡。冲上云霄，挡住太阳。形容树木高大。

日久岁深 岁：年；深：长久。指时间长久。

深入人心 指思想、理论、学说、主张等为大家所深刻理解并拥护。

心驰神往 驰：奔驰。心神奔向所向往的事物。形容一心向往。

往来如梭 梭：织布时牵引纬线在经线中来回穿织的工具。来来去去像穿梭一样。形容来去频繁。

梭天摸地 指上蹿下跳。比喻到处逃窜。

【典故】

器宇轩昂

这个词有时候也被写成“气宇轩昂”，二者是通用的，不存在谁对谁错的差别。下面我们来详细说说这个词的来历，就是舌战群儒的故事。

远在公元208年7月，刘备兵败当阳，奔往夏口。当时孙权光听说过诸葛亮的大名，却没见过他本人。虽说博望烧屯，火焚新野布置得十分出色，但诸葛亮毕竟只有二十七八岁，这么大的战争，刘备只派他一个人来“联合”抗曹，够分量么？东吴也是谋士如云，能不能比得上他呢？孙权听完了鲁肃的回报，不冷不热地说了一句：“叫他先见识见识我们东吴的才俊！”并事先知会了东吴的谋士们在外厅等候。诸葛亮泰然自若地跟着鲁肃进去了，一一做过介绍后，坐了下来。东吴的一班谋士开始仔细打量诸葛亮。张昭等人见诸葛亮丰神秀逸，气概非凡（原文为“张昭等见孔明丰神飘洒，器宇轩昂……”），料到此人必来游说。于是，便展开了一场激烈的舌战。结果，东吴的一班谋士在诸葛亮时而谈笑风生，时而义正词严的回击下，一一败下阵去。这就是历史上著名的“舌战群儒”的故事。从此以后孙刘联盟结成，共同对抗北方的曹操，是三国历史的一个重要的事件。

这个词比较少地用于形容女性，基本上是一个男性专用的词汇。

第5课 地棘天荆

地棘天荆－荆笔杨板－板上钉钉－钉嘴铁舌
舌剑唇枪－枪烟炮雨－雨约云期－期颐之寿
寿元无量－量能授官－官情纸薄－薄唇轻言
言中事隐－隐介藏形－形枉影曲－曲尽其妙
妙处不传－传诵一时－时日曷丧－丧心病狂
狂三诈四－四角俱全－全受全归－归十归一
一手托天－天长地久－久负盛名－名下无虚
虚生浪死－死眉瞪眼－眼花缭乱－乱世英雄

【释义】

地棘天荆 指到处布满荆棘。比喻环境恶劣。

荆笔杨板 荆：晋惠帝时权臣楚王司马玮；杨：晋惠帝时权臣杨骏；板：诏书。形容权臣专权用事。

板上钉钉 形容已经做出决定，不能更改。

钉嘴铁舌 形容嘴硬，不认错，不服输。

舌剑唇枪 舌如剑，唇像枪。形容争辩激烈，言词锋利，针锋相对，各不相让。

枪烟炮雨 形容激烈的争战。

雨约云期 指男女约会。

期颐之寿 期颐：百年。高寿的意思。

寿元无量 寿元：寿命；无量：没有限度。祝人长寿的颂辞。

量能授官 根据人的能力大小而授予适当官职。

官情纸薄 官场上的人情像纸一样薄。指官场尔虞我诈，人情淡薄。

薄唇轻言 形容多嘴，说话随便。

言中事隐 谓言语虽然委曲却中正不偏，论事虽然放纵却隐藏着精深的道理。

隐介藏形 介：鳞甲。隐藏形体，使人看不见。

形枉影曲 东西的形状歪斜了，它的影子也就弯曲了。比喻有什么原因就会有什么结果。

曲尽其妙 曲：委婉，细致；尽：全部表达。把其中微妙之处委婉细致地充分表达出来。形容表达能力很强。

妙处不传 指精微奥妙的地方不是言语和笔墨所能表达的。

传诵一时 诵：诵读、传述。在某一个时期内，人们到处传述。

时日曷丧 表示誓不与其共存。形容痛恨到极点。

丧心病狂 丧失理智，像发了疯一样。形容言行昏乱而荒谬，或残忍可恶到了极点。

狂三诈四 狂：诳的假借，诳骗。一味欺诈。

四角俱全 比喻完美无缺。

全受全归 封建礼教认为人的身体来自父母，应当终身洁身自爱，以没有受过污辱损害的身体回到父母生我时那样。

归十归一 指有条有理。

一手托天 比喻无法办到的事。

天长地久 跟天和地存在的时间那样长。形容时间悠久。也形容永远不变（多指爱情）。

久负盛名 负：承受，承担，引申为享有。长时期地享有好的名声。

名下无虚 原意是名气大的人一定有真才实学。意思是负有盛名的人必有实学。形容名实相符，名不虚传。

虚生浪死 谓虚度一生，终老无成。

死眉瞪眼 形容呆滞不活泼。

眼花缭乱 缭乱：纷乱。看着复杂纷繁的东西而感到迷乱。也比喻事物复杂，无法辨清。

乱世英雄 乱世：动乱的不安定的时代；英雄：才能勇武超过常人的人。混乱动荡时代中的杰出人物。

【典故】

曲尽其妙

西晋的文学家陆机出身于三国东吴的世族大家庭，祖父当过丞相，父亲当过大司马。晋朝建立后，他与弟弟陆云一起到京城洛阳，两人的文章倾倒了当时的士大夫，被称为“二陆”。陆机写了许多诗，但大部分内容空虚，感情贫乏，过分追求文字技巧。不过。他作的《文赋》，是古代重要的文学论文，在我国文学理论的发展上有一定的贡献。《文赋》前有一篇序，序的开头是这样的：每当我看了才智之士的著作，对他的用心私下有所领会。文章用意的表达、词汇的运用变化很多，但文辞的美丑好坏还是可以论述的。每当自己写文章，尤其能体会才士们写作时的用心和心情。我常常怕自己的意思和所要表达的事物不相符合，文辞也不达意。这不是因为难以知道它，而是因为难以掌握它。所以作《文赋》来讲述前辈才士丰茂华美的文章；并通过这些文章讨论写文章时为什么这样写有关的原因。待到写成后将来看时，也许可以说，它竟然将事物的妙处全部生动细致地表现出来了。

第6课　雄才盖世

雄才盖世－世风日下－下车伊始－始终如一
一见倾心－心平气和－和而不唱－唱筹量沙
沙里淘金－金碧辉映－映雪读书－书空咄咄
咄咄逼人－人多势众－众寡悬殊－殊形诡色
色若死灰－灰心丧气－气冲志定－定时炸弹
弹丸之地－地动山摇－摇身一变－变起萧墙
墙倒众人推－推贤进善－善马熟人－人单势孤
孤军深入－入地无门－门户之见－见弃于人

【释义】

雄才盖世　雄：杰出；盖：超过。才能十分杰出，世人无一能比。

世风日下　指社会风气一天不如一天。

下车伊始　伊：文言助词；始：开始。旧指新官刚到任。现比喻带着工作任务刚到一个地方。

始终如一　始：开始；终：结束。自始至终一个样子。指能坚持，不间断。

一见倾心　倾心：爱慕。初次见面就十分爱慕。

心平气和　心情平静，态度温和。指不急躁，不生气。

和而不唱　赞同别人的意见，不坚持自己的说法。

唱筹量沙　把沙当做米，量时高呼数字。比喻安定军心，制造假象来迷惑敌人。

沙里淘金　淘：用水冲洗，滤除杂质。从沙里淘出黄金。①比喻好东西不易得。②比喻做事费力大而收效少。③比喻从大量的材料里选择精华。

金碧辉映 形容建筑物装饰华丽，光彩夺目。同“金碧辉煌”。

映雪读书 利用雪的反光读书。形容读书刻苦。

书空咄咄 为叹息、愤慨、惊诧的典实。

咄咄逼人 咄咄：使人惊奇的声音。形容气势汹汹，盛气凌人，使人难堪。也指形势发展迅速，给人压力。

人多势众 人多力量大。

众寡悬殊 众：多；寡：少。形容双方人力的多少相差极大。

殊形诡色 事物奇异特殊的形色。

色若死灰 面目惨白。原比喻面部没有什么表情。现形容十分害怕的神情。

灰心丧气 灰心：心如熄灭了的死灰；丧：失去。形容因失败或不顺利而失去信心，意志消沉。

气冲志定 精力旺盛，意志坚定。

定时炸弹 ①雷管由计时器控制的炸弹，能按预定的时间爆炸。②比喻潜在的危险。

弹丸之地 弹丸：弹弓所用的铁丸或泥丸。弹丸那么大的地方。形容地方非常狭小。

地动山摇 地震发生时大地颤动，山河摇摆。亦形容声势浩大或斗争激烈。

摇身一变 旧时神怪小说中描写有神通的人能用法术一晃身子就改变自己本来的模样。现用来形容人不讲道义原则，一下子来个大改变。

变起萧墙 萧墙：古代宫室内当门的小墙，比喻为内部。谓祸害起于内部。同“祸起萧墙”。

墙倒众人推 旧时比喻在一个人受挫折的时候，大家乘机打击他。

推贤进善 推荐贤士，引进好人。

善马熟人 指良马与武艺精熟的勇士。

人单势孤 指人数少，力量单薄。

孤军深入 孤立无援的军队深入到敌作战区。

入地无门 形容陷入无路可走的困境。

门户之见 门户：派别；见：成见。因派别不同而产生的成见。

见弃于人 见：被；弃：遗弃，抛弃。被别人抛弃。

【典故】

祸起萧墙

“祸起萧墙”也作“变起萧墙”，是从孔子那里来的。他曾经教训他的两个学生，说：子路、冉求，你们两个人在季家当辅相，远人不服，而不能来也；人家不服你的气，你的政治道德无法使人信服，所以人家没有来结交纳好。在国内则弄得分崩离析、意见分歧，表面上看是整体的，内在很多因素是分裂的。大家离心离德，迟早要崩溃的。这种情形是守不住的，因为内部分崩离析，难以自保，只好向外发展，转移人家的视线，是同样的道理。所以孔子说，你们因为许多内政问题不能解决，于是只好用兵，在外面发动战争来转移内部的注意力。在我看来，你们很危险，季家最大的烦恼、痛苦、忧愁，不在颛臾这个边区的小国家，而是在萧墙之内，在季家自己兄弟之间。孔子说了这个话不久，后来季家兄弟果然发生了问题。所以后世内部发生祸乱，就用“祸起萧墙”这句话，在文学上的典故，就是从孔子这句话来的。

第7课 人财两失

人财两失－失惊打怪－怪力乱神－神不主体
体贴入妙－妙手丹青－青云独步－步步登高
高车驷马－马角乌头－头痛脑热－热火朝天
天下第一－一得之功－功成不居－居不重茵
茵席之臣－臣门如市－市井之徒－徒唤奈何
何去何从－从谏如流－流言惑众－众星捧月
月光如水－水月镜花－花貌蓬心－心旷神飞
飞短流长－长生久视－视若路人－人去楼空

【释义】

人财两失 人和钱财都无着落或都有损失。

失惊打怪 犹大惊小怪。惊恐；慌张。

怪力乱神 指关于怪异、勇力、叛乱、鬼神之事。

神不主体 神志不能控制自己的躯体。多形容恐惧的样子。

体贴入妙 指体会领悟深刻细致，而使描写或模仿巧妙逼真。

妙手丹青 妙手：技能高超的人；丹青：绘画的颜料，比喻绘画的艺术。指优秀的画家。

青云独步 喻人的地位或学问无与伦比。

步步登高 一步一步地向高处登。

高车驷马 四匹马驾驶的、车盖很高的车。旧时形容高官显贵的阔绰。

马角乌头 乌鸦变白，马头生角。比喻不能实现之事。

头痛脑热 泛指一般的小病或小灾小难。

热火朝天 形容群众性的活动情绪热烈，气氛高涨，就像炽热的火焰照天燃烧一样。

天下第一 形容没有人能比得上。

一得之功 一：一点；得：心得；功：成绩。一点微小的成绩。

功成不居 居：占有。原意是顺应自然的存在，不占为己有。后指立了功而不把功劳归于自己。

居不重茵 坐卧处不铺两重垫子。比喻生活非常的节俭。同“居不重席”。

茵席之臣 茵席：褥垫、草席铺垫的东西。指侍奉于皇帝左右的近臣。

臣门如市 旧时形容居高位、掌大权的人宾客极多。

市井之徒 徒：人（含贬义）。旧指做买卖的人或街道上没有受过教育的人。

徒唤奈何 徒：空，白白的；奈何：怎么办。白白地呼喊怎么办。指白白着急，一点办法也没有。

何去何从 去：离开；从：跟随。离开哪儿，走向哪儿。多指在重大问题上选择什么方向。

从谏如流 谏：直言规劝。听从规劝像流水一样自然。形容乐于接受别人的批评意见。

流言惑众 用荒诞不经之言语迷惑众人。亦作“妖言惑众”。

众星捧月 许多星星衬托着月亮。比喻众人拥护着一个他们所尊敬爱戴的人。

月光如水 月光就像水一样清澈、明亮，形容月亮十分皎洁。

水月镜花 水中月，镜中花。比喻虚幻景象。

花貌蓬心 谓虚有其表。

心旷神飞 犹言心境愉悦，飘飘欲仙。

飞短流长 飞、流：散布；短、长：指是非、善恶。指散播谣言，中伤他人。

长生久视 久视：不老，耳目不衰。形容长寿。

视若路人 看做路上遇到的陌生人。指与亲人或熟人非常疏远。

人去楼空 人已离去，楼中空空。比喻故地重游时睹物思人的感慨。

【典故】

飞短流长

从前有一个美女范十一娘，一次在庙会上见到一个漂亮女子封三娘，两人谈得非常投机，相约到范家去玩。封三娘没有去，范因此得病。后来范见到封，封对她说她只能偷偷地来，不要让闲人知道，流言飞语难听。看似是怕人说她攀权附势，实则是逃避世俗看待女生和女生的感情。

第8课 空穴来风

空穴来风－风掣雷行－行步如风－风尘物表
表里如一－一概而言－言犹在耳－耳听八方
方言矩行－行不顾言－言行不一－一步登天
天荒地老－老不晓事－事出有因－因地制宜
宜家宜室－室迩人遥－遥相应和－和而不同
同床异梦－梦魂颠倒－倒海移山－山寒水冷
冷语冰人－人人皆知－知人之明－明察秋毫
毫不迟疑－疑鬼疑神－神愁鬼哭－哭天抢地

【释义】

空穴来风 有了洞穴才进风。比喻消息和传说不是完全没有原因的，现多用来比喻消息和传说毫无根据。

风掣雷行 掣：闪过。风闪雷鸣。形容像刮风和响雷那样迅速。

行步如风 形容走路的步子轻快得像风一样。

风尘物表 指超越世俗的杰出人物。

表里如一 表：外表；里：内心。表面和内心像一个东西。形容言行和思想完全一致。

一概而言 一概：同一标准，一律。指处理事情或问题不分性质，不加区别，用同一标准来对待或处理。

言犹在耳 说过的话还在耳边回响。

耳听八方 耳朵同时察听各方面来的声音。形容人很机警。

方言矩行 指言行方正，合乎规范。

行不顾言 做事不守信用。

言行不一 说的是一套，做的又是另外一套。

一步登天 登：上。比喻一下子就达到很高的境界或程度。比喻人突然得志，爬上高位。

天荒地老 指经历的时间极久。

老不晓事 年老糊涂，不明事理。

事出有因 事情的发生总有原因。

因地制宜 因：依据；制：制定；宜：适当的措施。根据各地的具体情况，制定适宜的办法。

宜家宜室 形容家庭和顺，夫妻和睦。

室迩人遥 房屋就在近处，可是房屋的主人却离得远了。多用于思念远别的人或悼念死者。同“室迩人远”。

遥相应和 在远处互相照应、配合。

和而不同 只和睦相处，不盲从苟和。

同床异梦 两人同眠一床，所梦之事各异。比喻相处共事中貌合而神离。

梦魂颠倒 形容人由于思念过甚，精神恍惚。

倒海移山 移动山岳，倒翻大海。比喻法术高超神妙。同“移山倒海”。

山寒水冷 冷冷清清。形容冬天的景象。

冷语冰人 用冷酷的话伤人。

人人皆知 皆：都。所有的人都知道。

知人之明 能看出人的品行才能的眼力。

明察秋毫 明察：看清；秋毫：秋天鸟兽身上新长的细毛。原形容人目光敏锐，任何细小的事物都能看得很清楚。后多形容人能洞察事理。

毫不迟疑 一点都不犹豫，形容非常坚决果断。

疑鬼疑神 这也怀疑，那也怀疑。形容非常多疑。同“疑神疑鬼”。

神愁鬼哭 形容十分愁苦凄惨。

哭天抢地 提高嗓门又哭又叫。

【典故】

明察秋毫

孟子到齐国，齐宣王向他询问春秋时齐桓公和晋文公怎样称霸的事。孟子没有直接回答，而是谈到用道德的力量来统一天下。齐宣王不解地问道：

“怎样的道德才能统一天下？”

孟子回答说：“若使百姓的生活安定了，天下才能统一，这是任何力量都抵御不了的。”

“那么像我这样的国君，可以使百姓生活安定吗？”

“可以。”

“你凭什么知道我可以呢？”

孟子对齐宣王说：“我听说您过去曾由于不忍心杀一条发抖的牛，而下令用一只羊来代替。您这样的善心就足以一统天下。百姓都以为您吝啬，而我知道您是不忍心。不过，百姓说您吝啬，是他们没有体会到您的真正用心是出于仁爱。但是若只因怜悯其无罪，而用杀一只羊来替代杀一头牛，在实质上这两种是没有什么区别的。”

孟子接着又说：“如果有人向大王报告说，‘我力大无比，能举起百钧重的东西，但却拿不起一根羽毛；我的双眼能把秋天鸟兽新长的绒毛的末梢看得清清楚楚，但却看不见眼前的一车柴草。’您会相信这样的话吗？”

“肯定不会。”齐宣王马上回答说。

孟子接着说道：“您的仁慈能让禽兽受益，但却不能让百姓获得实惠。这为什么呢？其实，这正如举不起一根羽毛，是不用力气的缘故；没见到一车柴草，是没有用眼睛去看的缘故。百姓得不到平安稳定的生活，是您不愿施恩惠的缘故。所以，您不用道德来统一天下，只是您不愿意这样做，而不是不能这样做呀。”

第9课 地平天成

地平天成－成双作对－对头冤家－家破人离
离合悲欢－欢欣鼓舞－舞凤飞龙－龙雕凤咀
咀嚼英华－华而不实－实繁有徒－徒托空言
言来语去－去粗取精－精兵简政－政出多门
门当户对－对景挂画－画一之法－法家拂士
士穷见节－节用厚生－生财之道－道寡称孤
孤独触乳－乳臭未干－干名采誉－誉满寰中
中菁之言－言有尽而意无穷－穷极要妙

【释义】

地平天成 平：治平；成：成功。原指大禹治水成功而使天之生物得以有成。后常比喻一切安排妥帖。

成双作对 配成一对。

对头冤家 对头：冤家、仇人。指仇人。

家破人离 犹家破人亡。形容家遭不幸的惨状。

离合悲欢 泛指别离、团聚、悲哀、喜悦的种种遭遇和心态。

欢欣鼓舞 形容非常高兴振奋。

舞凤飞龙 犹龙飞凤舞。气势奔放雄壮的样子。

龙雕凤咀 比喻辞藻之美。

咀嚼英华 咀嚼：用牙齿磨碎食物，比喻反复体会；英华：此指精华。比喻细细体会文章中的精华。

华而不实 华：开花。花开得好看，但不结果实。比喻外表好看，内容空虚。

实繁有徒 实：实在；繁：多；徒：徒众，群众。实在有不少这样的人。

徒托空言 白把希望寄托于空话。指只讲空话，而不实行。

言来语去 指谈笑时你一言我一语，彼此应对。

去粗取精 把不好的部分去掉，把好的部分留下来。

精兵简政 精减人员，缩减机构。

政出多门 原意是政令出自几个卿大夫的门下。指中央领导软弱，国家权力分散。

门当户对 当、对：相称，相合。旧时指结亲的男女双方家庭的社会地位和经济状况相当。

对景挂画 比喻本身的举动恰恰和客观情形相应。

画一之法 指全体遵行、无一例外的法令政策。

法家拂士 拂：通“弼”；法家：明法度的大臣；拂士：辅弼之士。指忠臣贤士。

士穷见节 穷的人士可见他们的节操和义气。

节用厚生 谓节约用度，厚待生民。

生财之道 发财的门路。

道寡称孤 指自封为王，称霸一方。

孤独触乳 比喻子女忤逆不孝，后也比喻无依无靠的人向别人求助。

乳臭未干 臭：气味。身上的奶腥气还没有退尽。对年轻人表示轻蔑的说法。

干名采誉 干：求；采：取。用不正当的手段谋取名誉。

誉满寰中 寰：世间，天下。美好的名声，天下皆知。

中冓之言 中冓：内室。内室的私房话。

言有尽而意无穷 指诗文含义深刻，令人品味不尽。

穷极要妙 形容精妙到极点，多形容音乐。亦作“穷极其妙”、“穷妙极巧”。

【典故】

华而不实

源于《左传·文公五年》。春秋战国时期，晋国大夫阳处父前去访问卫国，在回来的路上经过宁邑，由于天色已晚，只好住在旅店里。旅店的主人宁嬴看阳处父长得非同一般，以为他是一个很有作为的人，就跟随他到京城去了，可是还没有走几天就又跑了回来，他的妻子感到非常奇怪，就询问他其中的缘故。他回答说，他同阳处父仅相处了几天，就发现阳处父这个人性情刚烈偏激，而且夸夸其谈，言过其实，这样容易与众人结怨。宁嬴担心跟随阳处父不但得不到好处，反而会带来祸害，所以他才离开的。后来，人们用“华而不实”来形容言过其实、夸夸其谈、不切实际的作风。也用来比喻外表好看，内容空虚。

第10课 妙手空空

妙手空空－空口说白话－话言话语－语不投机
机不可失－失时落势－势成骑虎－虎掷龙拿
拿腔作调－调兵遣将－将勇兵雄－雄兵百万
万别千差－差三错四－四大皆空－空腹高心
心坚石穿－穿壁引光－光彩夺目－目使颐令
令行如流－流水行云－云彻雾卷－卷甲束兵
兵不由将－将遇良才－才蔽识浅－浅见寡闻
闻融敦厚－厚貌深文－文不加点－点头哈腰

【释义】

妙手空空 指小偷。也形容手中一无所有。

空口说白话 形容只说不实行，或只说而没有事实证明。

话言话语 犹谈话。

语不投机 投机：意见相合。形容话说不到一起。同“话不投机”。

机不可失 机：机会；好的时机不可放过，失掉了不会再来。

失时落势 指时运不济。

势成骑虎 骑在老虎背上，要下来不能下来。比喻事情中途遇到困难，但迫于形势，想停止也停止不了。

虎掷龙拿 掷：挣扎跳跃。指龙虎互相争斗。比喻激烈的搏斗。

拿腔作调 故意装出特殊的腔调。

调兵遣将 调动兵力，派遣将领。

将勇兵雄 将帅和士兵都英勇顽强。形容军队战斗力很强。同“将勇兵强”。

雄兵百万 指军队人数众多，威武雄壮。

万别千差 形容种类多，差别大。

差三错四 颠倒错乱。形容差错很多或虚假不实。

四大皆空 佛教用语，指世界上一切都是空虚的。四大：古印度称地、水、火、风为“四大。

空腹高心 腹内空虚而目空一切。形容并无才学而自视甚高。

心坚石穿 意志坚决，能将石头穿透。比喻只要意志坚定，事情就能成功。

穿壁引光 穿，凿通；引，引进。凿通墙壁，引进烛光。形容家贫读书刻苦。

光彩夺目 夺目：耀眼。形容鲜艳耀眼。也用来形容某些艺术作品和艺术形象的极高成就。

目使颐令 用眼睛、用下巴指使人。形容自命尊贵，摆大架子。

令行如流 指命令的推行像水流向下一样迅速顺利。

流水行云 形容文章自然不受约束，就像漂浮着的云和流动着的水一样。

云彻雾卷 犹言烟消云散。

卷甲束兵 卷起铠甲，收起兵器。

兵不由将 比喻下级不服从上级的指挥。

将遇良才 将，将领；良才，高才。多指双方本领相当，能人碰上能人。

才蔽识浅 蔽：塞而不通。才能蔽塞见识浅陋。

浅见寡闻 见闻不广，所知不多。

闻融敦厚 待人温和宽厚。

厚貌深文 外貌厚道，内心不可捉摸。同“厚貌深情”。

文不加点 点：改动、修改。文章一气呵成，无须修改。形容文思敏捷，写作技巧纯熟。

点头哈腰 比喻虚假的恭敬或过分的客气。

【典故】

文不加点

唐代诗人崔颢留下了著名的《黄鹤楼》一诗，其中有句“晴川历历汉阳树，芳草萋萋鹦鹉洲”。这一千古名句，点出了古代武昌人文景观的一处精华所在——鹦鹉洲。鹦鹉洲以中国古典文学中十分有名的赋体作品——祢衡的《鹦鹉赋》而知名。

祢衡少有才辩，长于笔札，孔融深为其文采折服。在江夏，黄祖的长子黄射在洲上大会宾客，有人献鹦鹉，他就叫祢衡写赋以娱嘉宾。祢衡揽笔而作，文不加点，辞采甚丽，这便是有名的《鹦鹉赋》。萧统曾这样评价祢衡：“衡因为赋，笔不停辍，文不加点。”从此留下了“文不加点”这一典故。

第11课 腰金拖紫

腰金拖紫－紫气东来－来者可追－追欢寻乐
乐育人才－才气无双－双瞳剪水－水性随邪
邪门歪道－道高德重－重厚少文－文章魁首
首善之区－区区之众－众犬吠声－声势浩大
大难临头－头重脚轻－轻卒锐兵－兵车之会
会道能说－说白道绿－绿暗红稀－稀汤寡水
水底捞月－月落参横－横见侧出－出幽升高
高义薄云天－天伦之乐－乐不可支－支分节解

【释义】

腰金拖紫 喻身居高官。金，金印；紫，紫绶。

紫气东来 就是紫气自东而来。比喻祥瑞来临。

来者可追 过去的事已无法挽回，但是未来的事还来得及赶上。

追欢寻乐 指追求快乐。

乐育人才 育，培养，培育。把培养人才当做自己的快乐和幸福。

才气无双 英勇的气概，天下没有第二个人。

双瞳剪水 瞳：瞳孔，指眼睛。形容眼睛清澈明亮。

水性随邪 比喻没有主见，不正派。

邪门歪道 指不正当的门路、手段或不正经的事情。

道高德重 道德高尚，很有威信。

重厚少文 持重敦厚而少于文饰。

文章魁首 魁首：为首的，这里指名列第一。形容文章写得最好，文才极高。

首善之区 最好的地方。指首都。

区区之众 区区：很少。很少的几个人。

众犬吠声 比喻随声附和。

声势浩大 声势：声威和气势；浩：广大。声威和气势非常壮大。

大难临头 难：灾祸；临：来到。大祸落到头上。

头重脚轻 头脑发胀，脚下无力。形容身体不适。也比喻基础不牢固。

轻卒锐兵 轻卒：轻装的士兵。锐兵：锐利的武器。轻装勇猛的士兵，手拿锋利的武器。形容部队战斗力很强。

兵车之会 谓因征讨之事会盟诸侯。

会道能说 形容很会讲话。同“能说会道”。

说白道绿 比喻对人对事任意评论。

绿暗红稀 比喻暮春时节绿荫幽暗、红花凋谢的景象。亦作“绿肥红瘦”。

稀汤寡水 形容粥很稀或汤里肉、菜和油盐很少，没有味道。

水底捞月 比喻去做根本做不到的事情，只能白费力气。同“水中捞月”。

月落参横 月亮已落，参星横斜。形容天色将明。

横见侧出 指不从正面而从侧面表露出来。

出幽升高 犹言出谷迁乔。比喻人的境遇好转或职位升迁。

高义薄云天 原指文章表达的内容很有意义。后形容人很讲义气。同“高义薄云”。

天伦之乐 天伦：旧指父子、兄弟等亲属关系。泛指家庭的乐趣。

乐不可支 支：撑住。快乐到不能撑持的地步。形容欣喜到极点。

支分节解 把肢体与关节一一分开。节：关节。比喻剖析义理，详尽中肯。亦作“支分族解”。

【典故】

紫气东来

东周时期，函谷关关令是当地人尹喜。

一天早晨，尹喜从家里出来，在门前的一个土台上往东远眺。望见对面源岸上霞光万道，一轮红日喷薄欲出。这本是很平常的自然现象，善观天象的尹喜却从中发现了不平常，红光之前有一团紫气缭绕徐徐向西移动，在黄河南岸，弘农河畔，紫色渐渐的越聚越浓。以至于层峦叠嶂之间，云霞蒸蔚，景色异常美丽壮观。尹喜眼观天象，即兴打了一卦，细推卦理，不由欣喜若狂：“紫气东来必有异人通过。”于是他赶紧下了土台，吩咐手下打扫庭院，清扫街道，准备迎接圣人。并告诉门人，凡有与众不同的人来都要留下来，好好招待，而且还要马上向他报告。布置好后，尹喜沐浴更衣，静候圣人。

当时周朝的柱下史（相当于现在的国家图书馆长）老子李耳，因不满朝廷腐败，诸侯相争，辞官不做，离开洛阳，打算经函谷关西去，过隐居生活。老子皓首长须，神采奕奕，倒骑青牛来到函谷关前。守门关吏见此人与众不同，立刻报告关令尹喜。尹喜赶忙来到关前，将老子迎到客舍，共进餐膳。二人边吃边叙，谈得很投机。函谷关一带景色秀丽，尹喜关令又极力挽留，老子就留下来，写出了彪炳后世的五千言《道德经》后才离关西去。

第12课 解纷排难

解纷排难－难乎为继－继继承承－承星履草
草木知威－威武不屈－屈打成招－招财进宝
宝山空回－回邪入正－正己守道－道听途说
说一不二－二分明月－月落星沉－沉潜刚克
克己奉公－公私兼顾－顾影自怜－怜贫惜老
老大不小－小小不言－言笑自若－若即若离
离世遁上－上雨旁风－风言风语－语近指远
远引深潜－潜身远祸－祸福惟人－人浮于食

【释义】

解纷排难 指为人调解纠纷或排除危难。
难乎为继 难于继续下去。
继继承承 指前后相承，延续不断。
承星履草 头戴星光，脚踏草地。形容早出晚归辛勤劳作。
草木知威 连草木都知道他的威名。形容威势极大。
威武不屈 威武：权势，武力；屈：屈服。强暴的压力不能使之屈服。表示坚贞顽强。
屈打成招 屈：冤枉；招：招供。指无罪的人冤枉受刑，被迫招认有罪。
招财进宝 招引进财气、财宝。
宝山空回 走进到处是宝物的山里，却空手出来。比喻根据条件，本来应该有丰富的收获，却一无所得（多指求知）。

回邪入正 犹言改邪归正。

正己守道 道：道德。端正自己，严格遵守道德标准。

道听途说 道、途：路。路上听来的、路上传播的话。泛指没有根据的传闻。

说一不二 形容说话算数，说了就不改变。

二分明月 古人认为天下明月共三分，扬州独占二分。原用于形容扬州繁华昌盛的景象。今用以比喻当地的月色格外明朗。

月落星沉 月亮落山，星光暗淡了。指天将亮时。

沉潜刚克 沉潜：深沉不露；刚克，以刚强见胜。形容深沉不露，内蕴刚强。

克己奉公 克：克制；奉公：以公事为重。指要求自己严格，一心为集体。

公私兼顾 既照顾到公家的利益，也照顾到私人的利益。

顾影自怜 顾盼自己的身影，独自可怜叹惜。形容身世悲凉、失意。

怜贫惜老 同情爱护贫穷的、年老的人。

老大不小 指人将达到成年人的年龄。

小小不言 指细微的，不值得一提的。

言笑自若 谈笑如常，十分镇定。

若即若离 若：好像；即：接近。好像接近，又好像不接近。形容对人保持一定距离。

离世遁上 超脱世俗，回避君上。

上雨旁风 形容家里贫穷，房屋破旧。

风言风语 没有根据的、不怀好意的、带有讥讽的话。另指私下议论暗中传说。

语近指远 指：本旨。语言浅近，含意深远。

远引深潜 如鸟儿一样远远飞走，如鱼儿一样潜入深水。比喻逃避困境。

潜身远祸 谓隐藏潜伏，远避祸害。

祸福惟人 是祸是福均取决于人自身的所作所为。亦作“祸福由人”。

人浮于食 浮：超过，多余；食：指俸禄。原指人的才能超过所得的俸禄。后比喻人员太多超过了工作的需要。亦作“人浮于事”。

【典故】

道听途说

一天，毛空告诉艾子：“一只鸭子一次生了一百个蛋。”艾子不相信。毛空又说：“是两只鸭子生的。”艾子还是不相信。毛空又说是三只鸭子生的，艾子也不相信……这样，最后一直增加到十只鸭子，艾子就是不信。过了一会儿，毛空又告诉艾子：“上个月天上掉下一块三十丈长、二十丈宽的肉。”艾子也不信，毛空又缩短到二十丈长、十丈宽，艾子依然不信。艾子问毛空：“你刚才说的鸭子是谁家的？肉掉到什么地方？”毛空说：“我说的话都是在路上听别人讲的。”于是，艾子对他的学生们讲道：“你们可不要像毛空那样道听途说！”

第13课 食不念饱

食不念饱－饱食终日－日试万言－言高语低
低三下四－四海为家－家成业就－就地正法
法外施恩－恩同再造－造化弄人－人之常情
情窦初开－开心见诚－诚惶诚恐－恐后争先
先声夺人－人亡家破－破家为国－国尔忘家
家道消乏－乏善足陈－陈陈相因－因利乘便
便辞巧说－说千道万－万不失一－一言难尽
尽欢竭忠－忠不避危－危迫利诱－诱掖后进

【释义】

食不念饱 意思是指饮食不要过饱，要有节制。
饱食终日 一天到晚吃得饱饱的。比喻无所事事。
日试万言 一日写上万字的文章。形容富有才华，思路敏捷。
言高语低 说话不知轻重，没有分寸。
低三下四 形容态度卑贱低下也指工作性质卑贱低下。
四海为家 ①四海之内，尽属一家。指帝王拥有天下。引申为天下一统之意。②志在四方，到处为家。③喻人居无定所。
家成业就 指有了家产。
就地正法 正法：执行死刑。在犯罪的当地执行死刑。
法外施恩 旧时指宽大处理罪犯。同“法外施仁”。
恩同再造 再造：再生。使人再生的恩惠。比喻恩情极大，像救了自己的性命一样。

造化弄人 谓命运作弄人。

人之常情 一般人通常有的感情。

情窦初开 窦：孔穴；情窦：情意的发生或男女爱情萌动。指刚刚懂得爱情（多指少女）。

开心见诚 见：显现出。披露真心，显示诚意。形容待人诚恳，显示出真心实意。

诚惶诚恐 诚：实在，的确；惶：害怕；恐：畏惧。非常小心谨慎以至达到害怕不安的程度。

恐后争先 指害怕落后，追求上进。

先声夺人 先张扬自己的声势以压倒对方。也比喻做事抢先一步。

人亡家破 家庭破产，人口死亡。形容家遭不幸的惨状。

破家为国 为了国家大业，不惜毁坏自己的家庭。比喻无私奉献。

国尔忘家 一心为国，不顾家庭。

家道消乏 家道：家境，家庭经济情况。消乏：贫困，空乏。家境贫寒，经济空乏。

乏善足陈 善：指进德修业上的良好成绩；陈：陈述，告诉。没有什么德业上的增益足以告诉对方。旧时写信常用语，自谦情况如常，无可称道。

陈陈相因 陈：旧；因：沿袭。原指皇仓之粮逐年增加，陈粮上压陈粮。后多比喻沿袭老一套，无创造革新。

因利乘便 因：顺着。凭借有利的形势。

便辞巧说 指牵强附会、巧为立说。

说千道万 道：说。指各种各样的说法。后用来形容话说的很多。亦作“说一千道一万”。

万不失一 失：失误，差错。一万次中也不会失误一次。形容非常有把握。亦作“万不一失”、“万无一失”、“万无失一”。

一言难尽 形容事情曲折复杂，不是一句话能说清楚的（用在不好的事）。

尽欢竭忠 指朋友对自己竭尽友爱和忠心。

忠不避危 忠：忠于。避：回避。忠于职守，不回避危险。

危迫利诱 用暴力压迫，用利益引诱。形容软硬兼施，企图使人服从。

诱掖后进 诱掖：诱导扶持。引导帮助后辈上进。

【典故】

法外施恩

宣和年间，宋徽宗下令元宵节前后皇城对平民开放。人们可以在大街上燃放焰火与鞭炮，还可以连续几天观游灯展，京城真是热闹繁华到了极致。元宵节当天就更热闹了，天子在宣德门上观灯听戏曲，百姓则在城楼下的大街小巷上狂欢，每个人还可以领受到宫廷的赐酒一杯。正当赵佶为皇城一片与民同乐的景象而高兴的时候，有人来报告称有一名女子，她品用完了御赐的美酒后还想把金杯占为己有。她也被警觉的侍卫押送宋徽宗面前接受处罚。

宋徽宗见那女子表现镇定，问她是否知道自己的盗窃行为违反大宋律法。聪明的女子诵《鹧鸪天》词回答了宋徽宗。“月满蓬壶灿烂灯，与郎携手至端门。贪看鹤阵笙歌举，不觉鸳鸯失却群。天渐晓，感皇恩。传宣赐酒饮杯巡。归家恐被翁姑责，窃取金杯作照凭。”

她聪明地为自己辩解道：“今夜明亮的月亮悬照在夜空，精致的花灯也十分光彩耀眼。今天我和夫婿手拉手一起去观灯，一路上有说有笑，一直逛到了宫殿南正门，小女子因为迷恋贪看那些白衣女子表演的歌舞，想不到我们被人群挤散了，自己平时很少出门，一时间又找不到回家的路，一个人在人群里转来转去，眼看天就要亮了，正在焦急无奈间，突然听到传宣说皇帝赏赐每人一杯酒，于是我也挤上前去争得一杯喝了，并将金杯揣入怀中，原因是，害怕回家被翁姑责问，想以此作个证明。”面对皇帝的威仪一般的小女子大概早就魂飞魄散，跪倒求饶。可是这女子竟然从容诵出《鹧鸪天》。结果徽宗大喜，以金杯赐之，卫士送归。

这就是宋徽宗赵佶如何法外施恩的趣事。

第14课 进退失据

进退失据－据理力争－争权夺利－利时及物
物换星移－移有足无－无声无息－息事宁人
人面狗心－心慈面软－软红香土－土崩鱼烂
烂额焦头－头昏脑闷－闷海愁山－山川米聚
聚沙之年－年深日久－久别重逢－逢君之恶
恶语中伤－伤心惨目－目击道存－存而不论
论斤估两－两肩荷口－口吻生花－花遮柳掩
掩鼻而过－过目不忘－忘乎所以－以半击倍

【释义】

进退失据 前进和后退都失去了依据。形容无处容身。也指进退两难。

据理力争 根据道理尽力争辩或争取。

争权夺利 互相倾轧，争夺权力和利益。

利时及物 指救世济物。

物换星移 物换：景物变幻；星移：星辰移位。景物改变了，星辰的位置也移动了。比喻时间的变化。

移有足无 谓将多余的部分弥补缺少的部分。

无声无息 没有声音，没有信息。比喻人的默默无闻或对事情不发生影响。

息事宁人 平息事端，使人安宁。

人面狗心 犹言人面兽心。

心慈面软 形容为人和善。

软红香土 形容都市的繁华。

土崩鱼烂 土崩溃，鱼腐烂。比喻溃败不可收拾。

烂额焦头 形容十分狼狈窘迫的样子。

头昏脑闷 犹言头昏脑胀。

闷海愁山 愁如山，苦闷似海。形容愁闷像山一样大，像海一样深，无法排遣。

山川米聚 指从高处下望山川起伏，如米之聚集。

聚沙之年 儿童喜玩泥沙，因称儿童时代为“聚沙之年”。

年深日久 形容时间久远。

久别重逢 指朋友或亲人在长久分别之后再次见面。

逢君之恶 指迎合昏庸的执政者，引他去干坏事。

恶语中伤 中伤：攻击和陷害别人。用恶毒的话污蔑、陷害人。

伤心惨目 伤心：使人心痛；惨目：惨不忍睹。形容非常悲惨，使人不忍心看。

目击道存 眼光一接触便知“道”之所在。形容悟性好。

存而不论 存：保留。指把问题保留下来，暂不讨论。

论斤估两 权衡得失，斤斤计较。也作“搬斤估两”。

两肩荷口 犹言两个肩膀扛张嘴，比喻只会吃饭不会干事。

口吻生花 比喻谈吐文雅。

花遮柳掩 比喻行动或说话躲躲闪闪，不实在。亦作“花遮柳隐”。

掩鼻而过 捂着鼻子走过去。形容对腥臭肮脏的东西的嫌恶。

过目不忘 看过就不忘记。形容记忆力非常强。

忘乎所以 指因过分兴奋或得意而忘了应有的举止。

以半击倍 用半数兵力击破一倍于己的敌人。形容取胜之易。

【典故】

进退失据

南朝齐豫州刺史裴叔夜，进攻北魏的楚王戍。北魏豫州刺史王肃派傅永迎击。傅永派一名心腹，骑快马赶到楚王戍，传令填护城河，夜间在城外埋伏一千名战士。

第二天早晨，裴叔夜等人赶到城东，正布置部队围城，傅永伏兵突然向敌人后军发起进攻，齐兵大败。裴叔夜留下将佐守营，亲自率精兵数千回救后军。这时傅永登上门楼，望见裴叔夜已经南行几里，立即开城门追击，大获全胜，缴获伞扇、鼓幕、甲仗万余件。裴叔夜前后受敌，前进后退都失去依靠（进退失据），只好溜之大吉。傅永左右的人劝他乘胜追赶，傅永说："我只有不满三千人的疲弱士兵，敌方却兵力强盛，他们吃败仗也不是因为力量不够，只不过是中了我们的计罢了。正因为猜不透我们的虚实才使他们丧胆。取得如此战果就够了，何必再追呢！"

第15课 倍道而行

倍道而行－行有余力－力透纸背－背城借一
一哄而起－起根发由－由博返约－约定俗成
成也萧何，败也萧何－何足介意－意乱心忙
忙忙碌碌－碌碌无奇－奇花异草－草间求活
活龙鲜健－健步如飞－飞声腾实－实获我心
心荡神迷－迷惑不解－解甲休士－士饱马腾
腾蛟起凤－凤吟鸾吹－吹吹打打－
打开天窗说亮话－话不虚传－传檄而定

【释义】

倍道而行 加快速度，一天走两天的行程。

行有余力 谓做好正常工作以后，还有可用的精力。

力透纸背 形容书法刚劲有力，笔锋简直要透到纸张背面。也形容诗文立意深刻，词语精练。

背城借一 背：背向；借：凭借；一：一战。在自己城下和敌人决一死战。多指决定存亡的最后一战。

一哄而起 没有经过认真准备和严密组织，一下子行动起来。多含贬义。

起根发由 比喻指出事物的根源。

由博返约 指做学问人广博出发，继而务精深，最终达到简约。

约定俗成 约定：共同认定；俗成：形成习惯。指事物的名称或社会习惯是由人民群众经过长期社会实践而确定或形成的。

成也萧何，败也萧何 萧何：汉高祖刘邦的丞相。成事由于萧何，败事也由于萧何。比喻事情的成功和失败都是由这一个人造成的。

何足介意 何：怎么；介意：放在心上。没有必要放在心上。

意乱心忙 犹心忙意乱。心里着慌，乱了主意。

忙忙碌碌 形容事务繁杂、辛辛苦苦的样子。

碌碌无奇 平凡，无特殊才能。

奇花异草 原意是指稀奇少见的花草。也比喻美妙的文章作品等。

草间求活 草间：草野之中。形容只求眼前能马马虎虎活下去。

活龙鲜健 形容健壮有活力。

健步如飞 健步：脚步快而有力。步伐矫健，跑得飞快。

飞声腾实 飞：飞扬；腾：上升。指名声和实际都好。

实获我心 表示别人说的跟自己的想法一样。

心荡神迷 荡：摇动。形容心神不定，难以自持。

迷惑不解 指对某事非常疑惑，很不理解。同“大惑不解”。

解甲休士 卸下盔甲让士兵休息。谓不再战斗。

士饱马腾 军粮充足，士气旺盛。

腾蛟起凤 蛟：蛟龙；凤：凤凰。宛如蛟龙腾跃、凤凰起舞。形容人很有文采。

凤吟鸾吹 比喻极为美妙的歌声。

吹吹打打 指各种乐器的合奏。也用以形容故意渲染某种言行或事物，吸引别人注意。

打开天窗说亮话 比喻无须规避，公开说明。

话不虚传 指传言不假，与实际相符。

传檄而定 檄：讨敌文书；定：平定。比喻不待出兵，只要用一纸文书，就可以降服敌方，安定局势。

【典故】

成也萧何，败也萧何

萧何是西汉初年的政治家。沛（今江苏沛县）人。早年任秦沛县狱吏。秦末佐刘邦（见汉高祖刘邦）起义。攻克咸阳后，他收取了秦丞相、御史府所藏的律令、图书，掌握了全国的山川险要、郡县户口并知民间疾苦，对日后制定政策和取得楚汉战争胜利起了重要作用。刘邦为汉王，以萧何为丞相。

韩信是刘邦的大将，为汉朝大业的开创立下了汗马功劳。据《史记·卷九十二》记载，韩信起初在项羽手下当一个郎中小官，屡次向项羽献策，都未被采用。于是就从楚军逃亡至汉军，做了一名小小的治粟都尉。萧何几次与韩信谈话，发现他是一个奇才。汉军到达南郑时，很多将士都逃跑了。韩信见自己仍不受重用，便同大家一起逃跑了。萧何听说，未及禀明刘邦，连夜把韩信追了回来。刘邦还以为萧何也逃跑了呢，原来是去追一个微不足道的韩信，不免有些生气。萧何述说了追韩信的理由，说韩信不是一个普通的人才。在萧何的大力推荐下，韩信从一名小军官，一下子被刘邦拜为统率全军的大将。在韩信的指挥下，汉军果然节节胜利。攻下齐后，韩信被立为齐王；最后终于打败了项羽，又被迁封楚王。

韩信任齐王时，谋士蒯通就鼓动韩信造反，背汉自立，韩信不忍。刘邦平定天下后，便更加对韩信不放心了。有人告韩信谋反，刘邦就用计逮捕了韩信。后虽赦免，却由楚王降为淮阴侯。韩信由此也便开始怨恨刘邦，常称病不朝。后巨鹿守将陈豨造反，韩信已事先与之达成默契，愿为内应。刘邦亲自率兵前去平叛，韩信借病不从，却秘密聚集一些亡命之徒欲袭击吕后和太子。不幸事泄，吕后用萧何之计，假称皇上已平定陈豨，让群臣皆来拜贺，骗韩信入朝。韩信一来便被武士捆绑，吕后命在长乐宫前将他斩首。

韩信的成功是由于萧何的大力推荐，韩信的败亡，也是萧何出的计谋。所以民间就由这个故事概括出“成也萧何，败也萧何”一句俚语。

第16课 定于一尊

定于一尊－尊无二上－上南落北－北门之管
管中窥天－天理人情－情意绵绵－绵绵不绝
绝伦逸群－群鸿戏海－海涵地负－负荆请罪
罪该万死－罪恶滔天－天台路迷－迷人眼目
目不斜视－视其所使－使法量功－功成名就
就事论事－事以密成－成一家言－言语道断
断无此理－理不忘乱－乱首垢面－面墙而立
立身扬名－名贸实易－易子而食－食为民天

【释义】

定于一尊 尊：指具有最高权威的人。旧指思想、学术、道德等以一个最有权威的人做唯一的标准。

尊无二上 ①犹言国无二君。②引申为至高无上。

上南落北 漫言各处去向，犹言走南闯北。

北门之管 用以喻军事要地或守御重任。

管中窥天 管：竹管；窥：从小孔或缝隙里看。通过竹管子的孔看天。比喻见闻狭隘或看事片面。

天理人情 天然的道理和人的常情。

情意绵绵 情意：对人的感情。绵绵：延续不断的样子。形容情意深长，不能解脱。

绵绵不绝 绵绵：连续不断的样子。形容多，连续不断。

绝伦逸群 伦：类；逸：超过。超出众人，没有可以相比的。

群鸿戏海 鸿：鸿雁；海：指大湖。像许多飞鸿在大湖里游戏一样。形容书法遒劲灵活。

海涵地负 如海之能包容，地之能负载。比喻才能特异。

负荆请罪 负：背着；荆：荆条。背着荆条向对方请罪。表示向人认错赔罪。

罪恶滔天 滔天：漫天，弥天。形容罪恶极大。

天台路迷 天台：山名，在今浙江省天台县北。原指误入仙境而迷途。后用以形容前途茫茫，无路可走。

迷人眼目 迷惑他人视线，使人分辨不清。指耍花招欺骗人。

目不斜视 眼睛不偷看旁边。比喻为人行止端方。也形容只朝一个方向看。

视其所使 所使：所使用的人。看他所使用的人，就知道其人如何。

使法量功 依照法则规章来衡量功绩。

功成名就 功：功业。就：达到。功绩取得了，名声也有了。

就事论事 按照事物本身的性质来评定是非得失。现常指仅从事物的表面现象孤立、静止、片面地议论。

事以密成 事情因为严密谨慎而成功。

成一家言 指学问自成体系可派别。

言语道断 原为佛家语，指意义深奥微妙，无法用言辞表达。后指不能通过交谈、谈判的方法解决问题。

断无此理 断：绝对，一定。绝对没有这样的道理。

理不忘乱 国家得以平安治理的时候，不能忘记混乱的日子。

乱首垢面 犹蓬头垢面。旧时形容贫苦人生活条件很坏的样子。也泛指没有修饰。

面墙而立 比喻不学之人，如面对墙壁而立，一无所见。

立身扬名 立身：使自己在社会上有相当地位；扬：传布。使自己立足于社会，名声远扬。

名贸实易 贸：齐等；易：变易。指名称相似，实质不同。

易子而食 子：指儿女。原指春秋时宋国被围，城内粮尽，百姓交换子女以当食物。后形容灾民极其悲惨的生活。

食为民天 指粮食是人民赖以生存的最为重要的东西。

【典故】

负荆请罪

战国时，赵惠文王有两个忠勇爱国、才能出众的贤臣：一个是国相蔺相如，一个是大将廉颇。这一文一武、一将一相，真是名闻各国，威震四方，连强大的秦国也不因此不得不对赵国有所顾忌。

那蔺相如原是赵王一个内侍长缪贤的家臣。有一次，秦国想仗势骗取赵国的国宝“和氏璧”。赵王和大臣们苦于无法应付，经缪贤的推荐，蔺相如去秦国出色地完成了这件外交工作，因此，蔺相如深得赵王的赞许，名声大振（参看“完璧归赵”）。后来，秦王、赵王在渑池相会，秦王企图当众羞辱赵王，不料反被蔺相如奚落了一场。由于蔺相如连立大功，赵王拜他为相，位居上卿，比廉颇的官衔还要高一点。

廉颇心里不服，对人说：“我这个大将，是出生入死在战场上拼了多少次性命得来的，不像人家光凭一张嘴！有什么了不起，一个家臣，居然爬到我的上头了，他要遇见我，非给他个难看不可！”

蔺相如听到这话，就经常留心，避开廉颇，不跟他见面。别人以为蔺相如害怕廉颇，廉颇也很得意。可是蔺相如说：“秦王那样的威势都吓不了我，我哪里会怕廉将军？不过，今天的秦国倒是有点怕我们赵国，它所怕的，就是我跟廉将军的团结一致。如果我跟他闹单据，互相攻击，那正是秦国所欢迎的事情。那时，它就不怕我们了，我们赵国也就要遭受侵略了。我之所以避开廉将军，是以国事为重，把私人的恩怨和面子问题一概丢开！”

这话传到了廉颇的耳朵里，廉颇非常感动，也非常惭愧，就袒露着背，带着荆条，亲自到蔺相如家去谢罪，请蔺相如用荆条狠狠鞭打他。说："我真差点儿误了国家大事啊！"当然，蔺相如并没有鞭打他，也没有责备他，两人从此誓同生死，成为至交。

这个故事，即所谓"将相和"。《史记·廉颇蔺相如列传》写到最后时说："廉颇肉袒负荆，至蔺相如门谢罪，卒相与欢，为刎颈之交。"后人形容主动向人认错、道歉，自请严厉责罚，就称为"负荆请罪"或"肉袒负荆"。形容生死与共、愿以生命相许的好朋友，称为"刎颈之交"。

第17课 天道无亲

→天道无亲－亲如一家－家无常礼－礼无不答
答非所问－问鼎之心－心知其意－意气相得
得过且过－过眼烟云－云愁雨怨－怨气冲天
天赐良机－机事不密－密不通风－风尘碌碌
碌碌无为－为德不终－终而复始－始终不易
易地而处－处尊居显－显微阐幽－幽期密约
约法三章－章决句断－断雁孤鸿－鸿儒硕学
学富才高－高抬贵手－手下留情－情真意切

【释义】

天道无亲 谓天道公正，无偏无私。
亲如一家 亲近得就像一家人一样。形容相互间的关系非常密切。
家无常礼 指家人之间平常不必拘礼。
礼无不答 礼：礼数。一方以礼相待，另一方不能不以礼相报。亦指不受他人之礼，必以报答。
答非所问 回答的不是所问的内容。
问鼎之心 问：询问。打听九鼎的大小轻重。相传禹铸九鼎，作为国家权力的象征。指有夺政权的野心。现也指在比赛中有夺魁的雄心。
心知其意 意：意义。心中领会了文章的主旨或技艺的要领。
意气相得 形容志趣极其相合。
得过且过 且：暂且。只要能够过得去，就这样过下去。形容胸无大志。

过眼烟云 从眼前飘过的云烟。比喻曾经经过而很快就消失的事物。

云愁雨怨 喻指离情别愁。

怨气冲天 怨愤之气冲到天空。形容怨恨情绪极大。

天赐良机 天给的好机会。

机事不密 紧要秘密的事泄漏出来了；密谋被识破而败露。

密不通风 形容包围紧密或防卫严密，连风也透不进去。

风尘碌碌 碌碌：辛苦忙碌的样子。形容在旅途上辛苦忙碌的样子。

碌碌无为 平庸而无所作为。

为德不终 指没有把好事做到底。同“为德不卒”。

终而复始 不断地循环往复。

始终不易 易：改变，违背。自始至终一直不变。指守信用。

易地而处 换一换所处的地位。比喻为对方想一想。

处尊居显 显：显要，显赫。指有声望有地位。形容职位高，权势大。

显微阐幽 谓显示细微之事，说明隐幽之理，使之显见着明。

幽期密约 谓男女间相爱时隐秘的约会。

约法三章 共同议定法律三条。泛指订立简单明确，并由大家共同遵守的条款。

章决句断 文章正确句子明了，不含糊其辞。

断雁孤鸿 鸿：鸿雁。离了群的孤独大雁。比喻孤身独处，多指未成婚的男子。

鸿儒硕学 鸿儒：大儒；硕学：有很多学问的人。泛指学识渊博、造诣很深的学者。

学富才高 学识渊博，才能高强。

高抬贵手 旧时恳求人原谅或饶恕的话。意思是您一抬手我就过去了。

手下留情 下手的时候留点情面。比喻处理事情不要太苛刻。

情真意切 指情意十分真切。

【典故】

约法三章

汉高祖刘邦（公元前256年或前257年~前195年），字季，沛县丰乡（今江苏省丰县）人，曾做过亭长。亭是县下面最小的行政单位，十里一亭。

秦二世三年（公元前207年）八月，刘邦进了武关。十月，打到灞上，秦王子婴见大势已去，就乘了素车白马，带着玉玺，向刘邦投降。

过了几天，刘邦召集各县有威望的父老豪杰到灞上，对大家说："你们已经吃尽了秦朝的苦头，什么诽谤一下朝政就满门抄斩啦，私下议论一下时势就要杀头啦，這样太残暴了。现在，我只和大家约法三章：第一，杀人要偿命；第二，打伤人要治罪；第三，偷盗的要判罪。除了這三条，其余秦朝的法律一概废除。我是替父老们除害来的，绝不坑害大家，希望大家不要害怕，并把我的话转告百姓们。"

老百姓听说刘邦对他们如此宽大仁慈，争先恐后地拿着牛羊肉、酒和粮食來慰劳士兵。刘邦再三推辞说："仓库里有的是粮食，乡亲们何必破费呢？"老百姓看到刘邦如此爱护他们，都希望他能够永远在关中做王，代替秦朝的统治。

高级练习

第 1 题

第 2 题

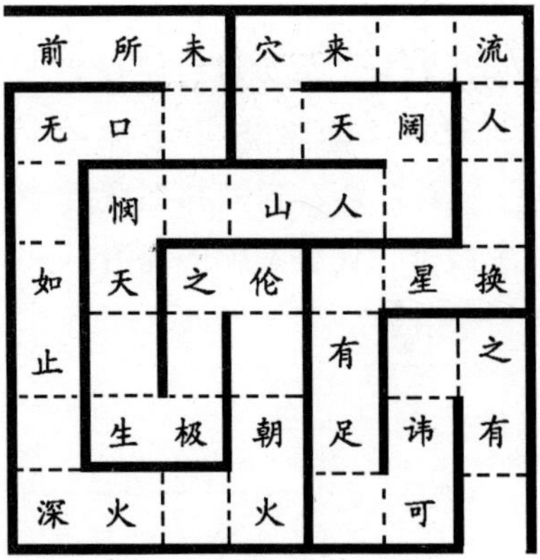

第 3 题

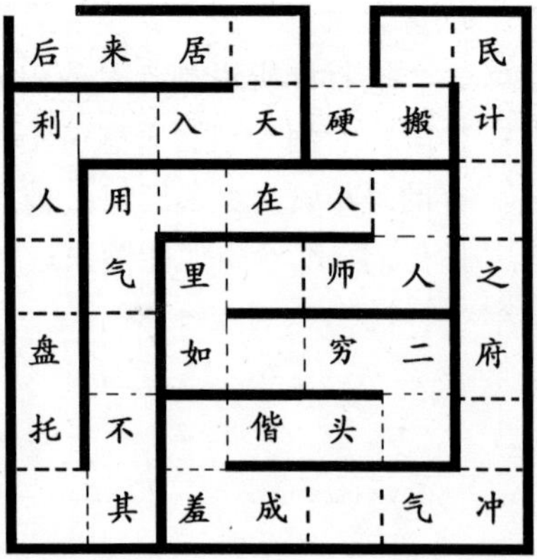

第 4 题

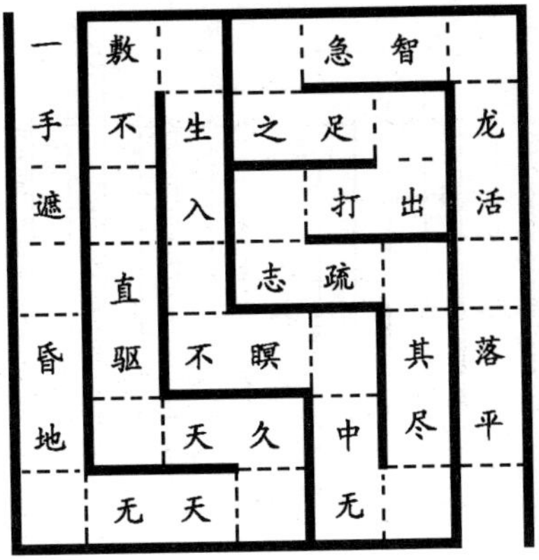

第 5 题

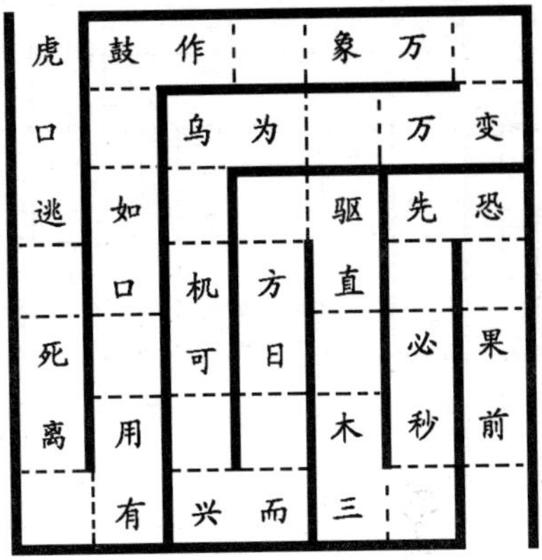

第 6 题

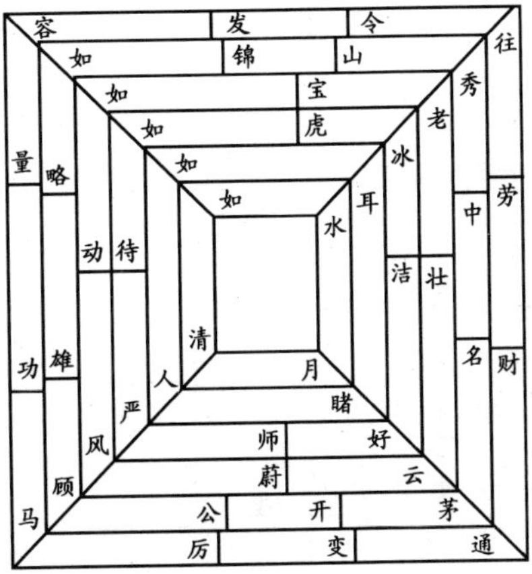

第 7 题

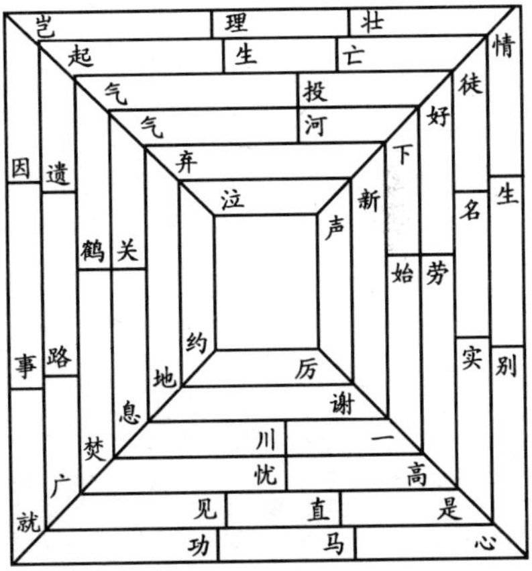

第 8 题

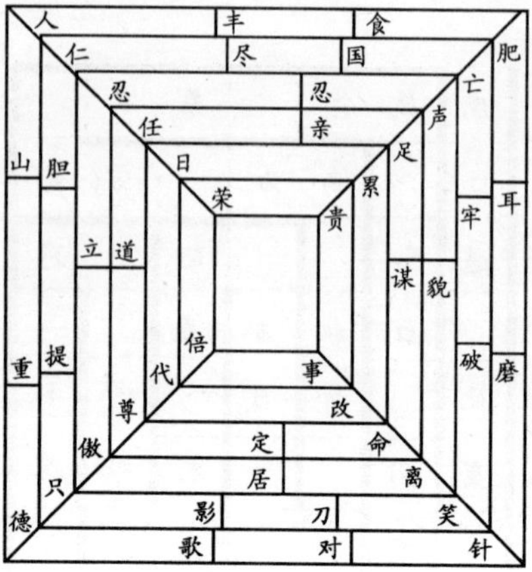

第9题

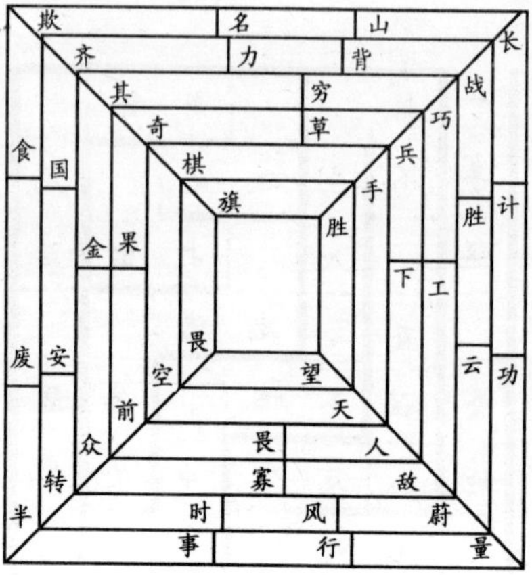

第10题

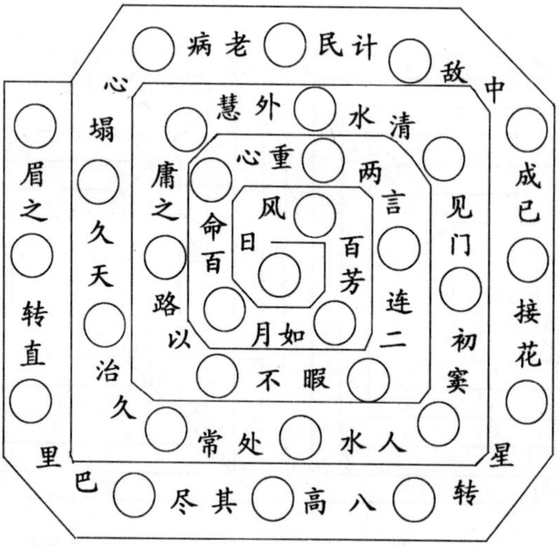

第11题

答 案

初级练习

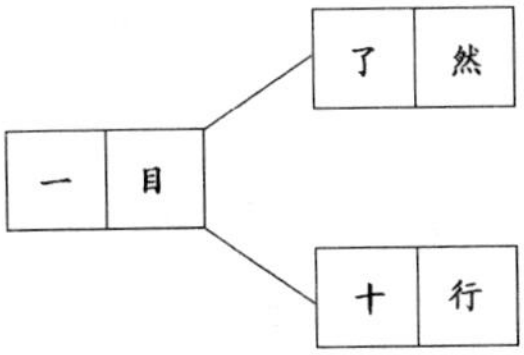

第 1 题

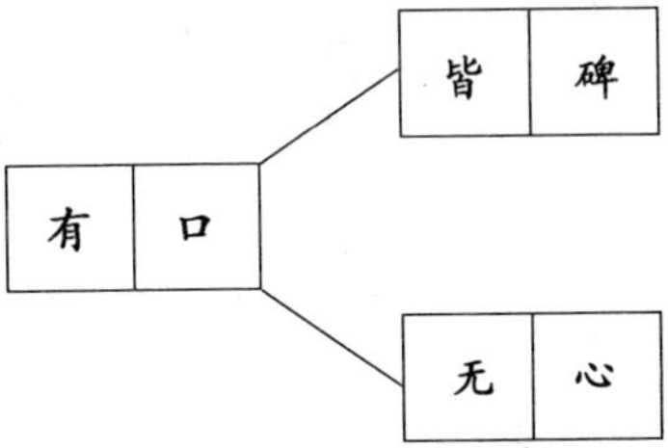

第 2 题

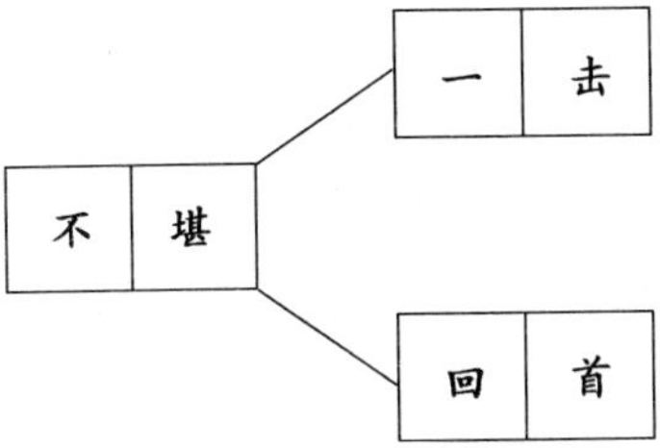

第 3 题

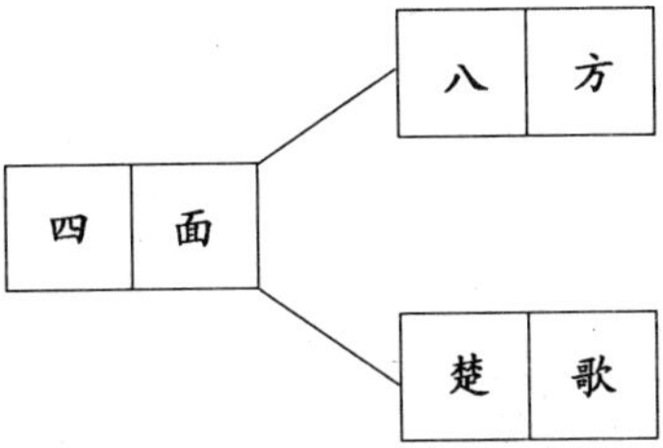

第 4 题

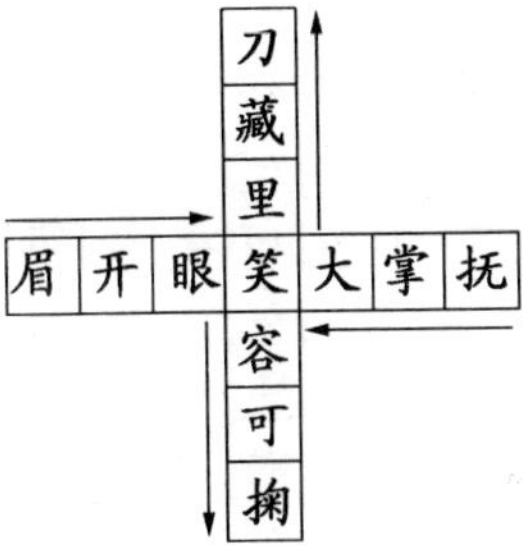

第 5 题

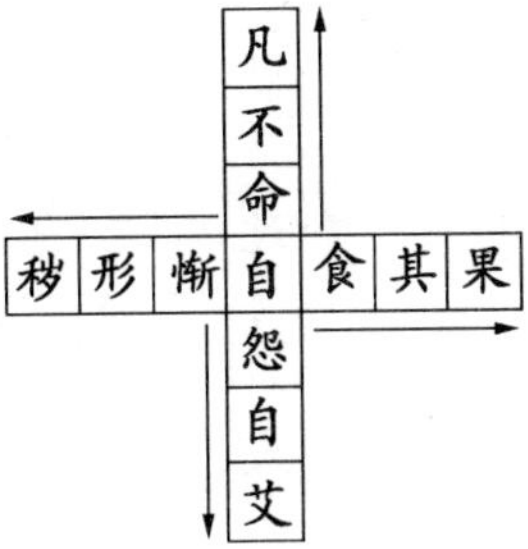

第 6 题

虎
活
龙
关 攸 死 生 灵 涂 炭
杀
予
夺

第 7 题

亲
无
目
双 无 世 举 棋 不 定
案
齐
眉

第 8 题

凑
西
拼
走 西 奔 东 拉 西 扯
鳞
西
爪

第 9 题

一
挑
里
挠 不 折 百 依 百 顺
战
百
胜

第 10 题

诵
成
目
桥 拆 河 过 街 老 鼠
门
不
入

第 11 题

水
流
山
座 满 朋 高 屋 建 瓴
瞻
远
瞩

第 12 题

	急	功	近	利
	中			
娇	生	惯	养	
	智		精	
			蓄	
			锐	

第 13 题

			得
回	心	转	意
	花		扬
	怒		扬
	放		

第 14 题

					邯
					郸
			蜗		学
		规	行	矩	步
			牛		
望	而	却	步		

第 15 题

	簧		
	如		
	舌		
弄	巧	成	拙
	取		
	豪		
巧	夺	天	工

第 16 题

		安	步	当	车
	黯	然	失	色	
无	法	无	天		
		恙			

第 17 题

		背	信	弃	义
	车	水	马	龙	
万	无	一	失		
		战			

第 18 题

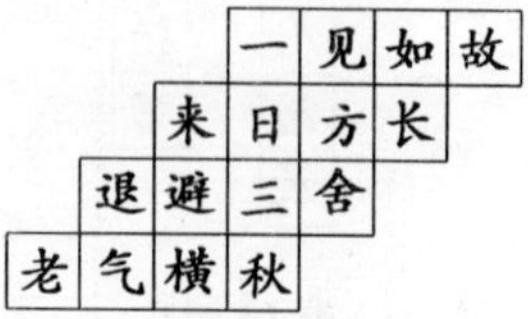

第 19 题

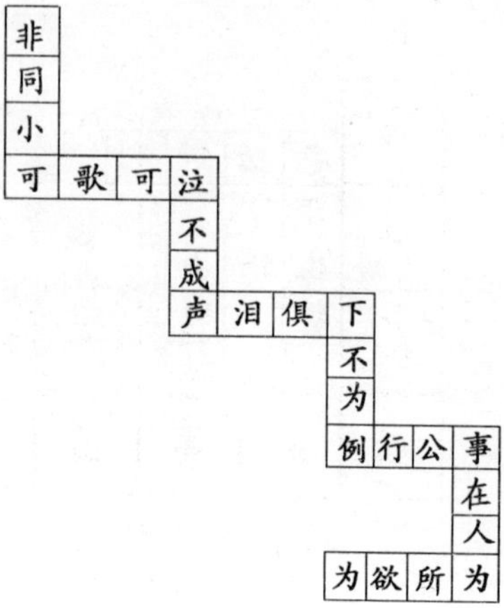

第 20 题

第 21 题

第 22 题

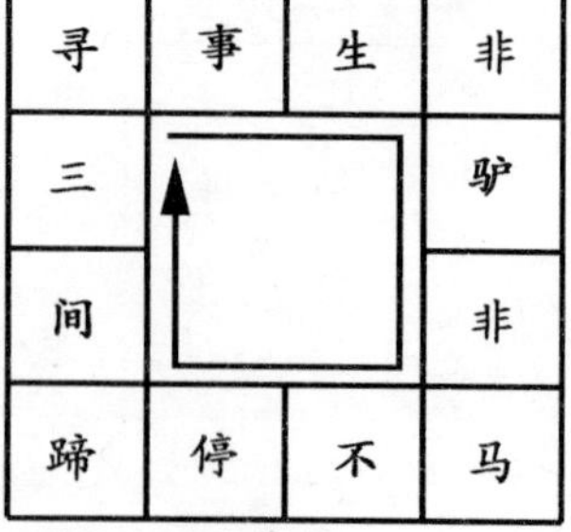

第 23 题

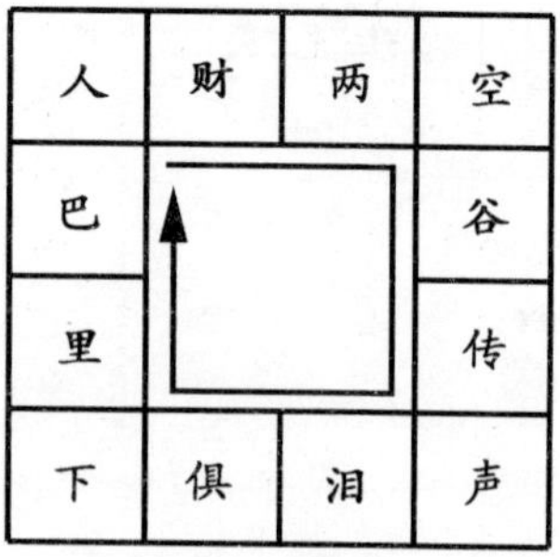

第 24 题

四	平	八	稳
下			如
三			泰
低	水	高	山

第 25 题

日	丽	风	和
白			风
天			细
青	天	过	雨

第 26 题

信	口	开	河
无			汾
而			门
言	千	笔	下

第 27 题

黄	粱	一	梦
珠			寐
老			以
人	一	备	求

第 28 题

风	行	一	世
东			代
耳			书
马	宝	车	香

第 29 题

地	久	天	长
酒			夜
天			难
花	黄	日	明

第 30 题

力	不	从	心
合			平
心			气
同	不	而	和

第 31 题

明	知	故	问
分			罪
非			之
是	自	心	师

第 32 题

一	衣	带	水
挑			到
里			渠
万	上	千	成

第 33 题

下	井	投	石
齐			沉
管			大
双	无	内	海

第 34 题

月	黑	风	高
累			山
年			流
长	山	远	水

第 35 题

有	翅	难	飞
乌			苍
虚			走
子	孺	口	黄

第 36 题

心	满	意	足
应			衣
不			足
口	充	不	食

第 37 题

扬	眉	吐	气
飞			冲
采			斗
神	蛇	鬼	牛

第 38 题

对	牛	弹	琴
成			棋
双			书
成	不	虎	画

第 39 题

刻	舟	求	剑
三			胆
时			琴
一	如	口	心

第 40 题

心	口	如	一
人			意
石			孤
木	就	将	行

第 41 题

青	红	皂	白
天			雪
过			阳
雨	化	风	春

第 42 题

成语接龙

恩	重如	山	高水	长
之遇				绳系
知				日
地知				月入
天	滔恶	罪	其壁	怀

第 43 题

恶	语伤	人	千人	万
极凶				众一
穷				心
计屈				平气
力	合心	同	不而	和

第 44 题

绝	处	逢	生	离	死	别
义						无
断						长
恩						物
之						是
遇						人
知	而	想	可	小	同	非

第 45 题

刻	骨	铭	心	神	不	定
三						于
时						一
一						尊
如						己
口						卑
心	一	下	上	天	间	人

第 46 题

第 47 题

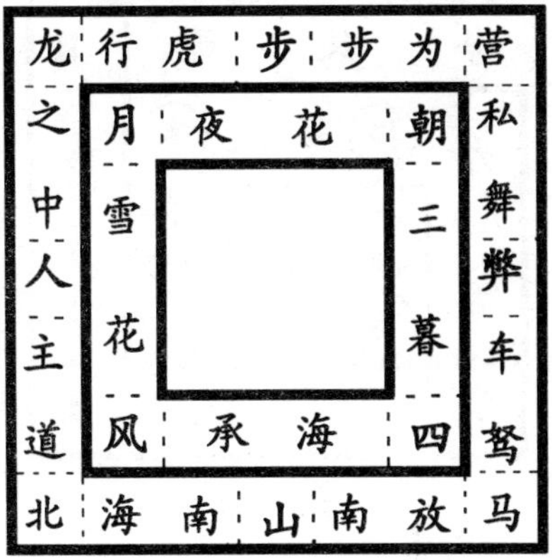

第 48 题

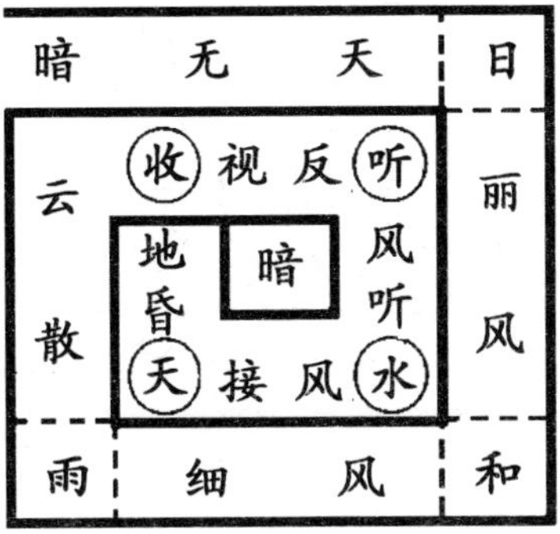

第 49 题

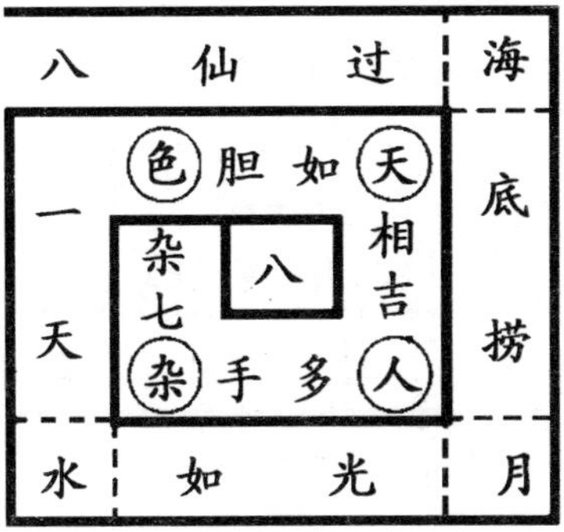

第 50 题

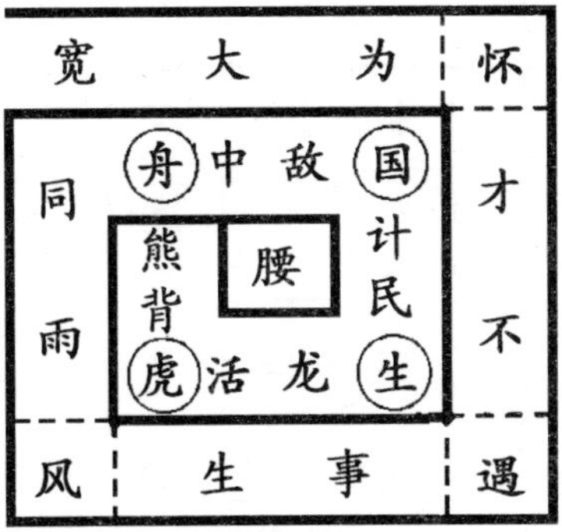

第 51 题

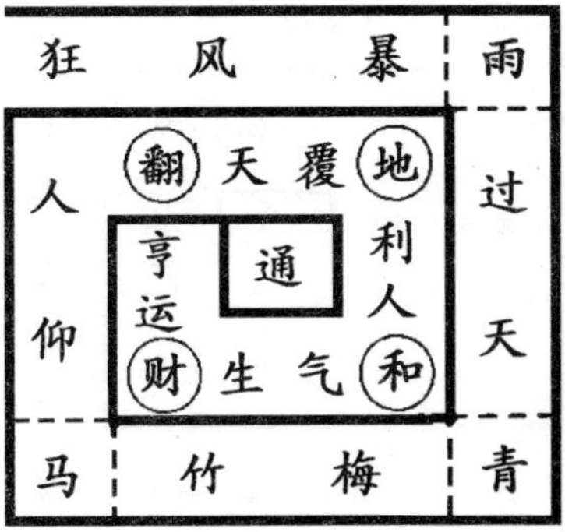

第 52 题

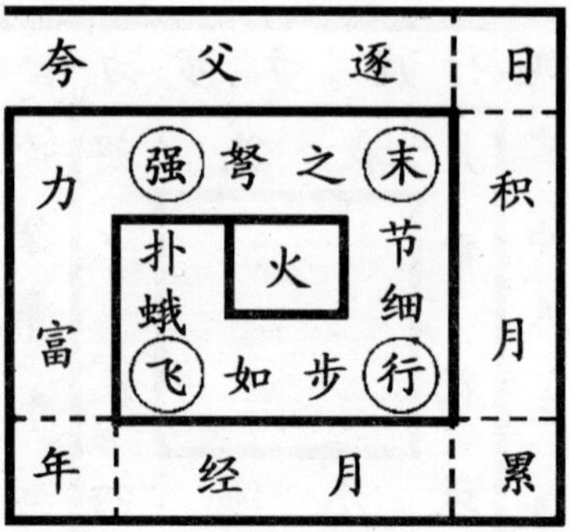

第 53 题

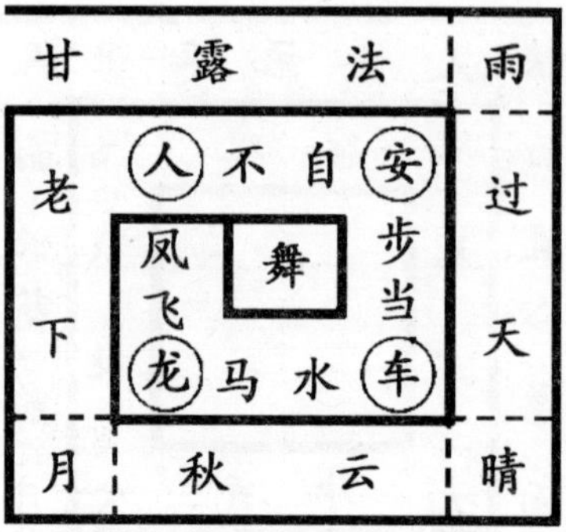

第 54 题

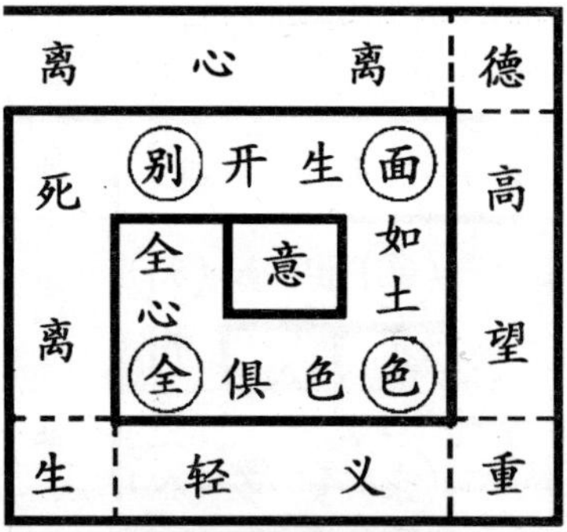

第 55 题

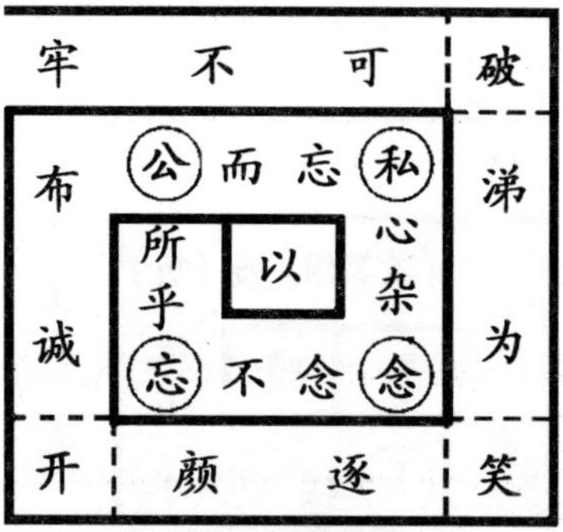

第 56 题

第 57 题

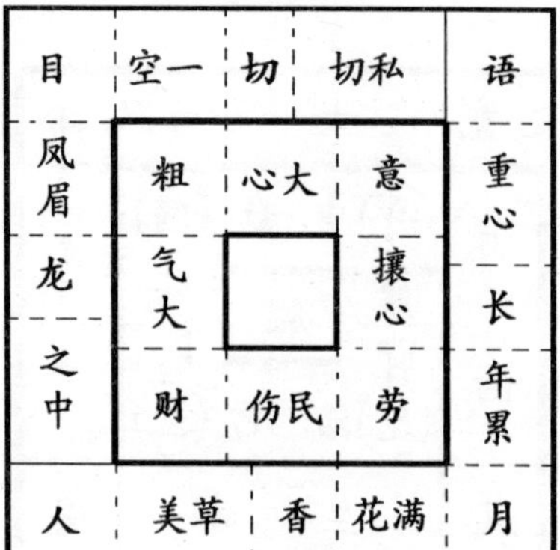

第 58 题

地	久	天	长
辈	出	人	年
才	地	头	累
人	老	下	月

第 59 题

爱	憎	分	明
道	远	走	哲
重	飞	高	保
任	数	兼	身

第 60 题

明	目	张	胆
照	人	言	小
彩	畏	可	如
光	寸	目	鼠

第 61 题

非	同	小	可
光	大	是	心
扬	非	大	如
发	风	气	意

第 62 题

欲	罢	不	能
口	呆	若	说
瞪	鸡	木	会
目	以	路	道

第 63 题

高	山	流	水
复	生	生	落
而	息	不	石
死	入	生	出

第 64 题

劳	苦	功	高
无	措	手	高
足	及	不	在
手	其	下	上

第 65 题

秋	水	伊	人
不	一	叶	非
口	秋	知	草
心	灰	形	木

第 66 题

市	井	小	人
色	飞	来	中
动	祸	横	之
神	精	马	龙

第 67 题

人	尽	其	才
风	发	人	貌
气	省	深	双
意	全	心	全

第 68 题

暗	箭	伤	人
包	天	昏	命
胆	暗	地	关
色	国	香	天

第 69 题

二	分	明	月
如	一	般	朗
口	二	无	风
心	悦	耳	清

第 70 题

穷	途	末	路
尽	力	屈	人
心	穷	计	皆
尽	不	无	知

第 71 题

出	生	入	死
精	深	入	心
大	出	浅	塌
博	物	大	地

第 72 题

覆	水	难	收
接	天	翻	视
光	覆	地	反
水	听	风	听

第 73 题

红	杏	出	墙
人	万	紫	面
千	红	千	而
人	达	人	立

第 74 题

本	末	倒	置
望	外	强	若
出	干	中	罔
喜	则	过	闻

第 75 题

干	云	蔽	日
石	出	生	暮
落	死	入	途
水	恶	山	穷

第 76 题

冰	清	玉	洁
如	火	上	己
焦	冰	弄	爱
心	此	同	人

第 77 题

得	过	且	过
逆	志	满	目
意	得	气	不
以	所	乎	忘

第 78 题

有	志	不	在	年	高
的	在	成	所	富	谈
放	四	体	不	力	阔
矢	方	统	辞	强	论

第 79 题

无	志	空	活	百	岁
动	大	口	灵	川	月
于	才	无	活	归	如
衷	疏	凭	现	海	流

第 80 题

天	下	无	难	事
真	不	法	能	出
烂	为	无	可	有
漫	例	天	贵	因

第 81 题

只	怕	有	心	人
争	硬	备	平	才
朝	欺	无	气	辈
夕	软	患	和	出

第 82 题

清	明	时	节	雨	纷	纷
歌	知	不	节	过	乱	至
妙	故	我	胜	天	如	沓
舞	问	待	利	晴	麻	来

第 83 题

路	上	行	人	欲	断	魂
不	蹿	若	多	擒	章	飞
拾	下	无	势	故	取	魄
遗	跳	事	众	纵	义	散

第 84 题

借	问	酒	家	何	处	有
题	心	囊	常	足	心	目
发	无	饭	便	挂	积	共
挥	愧	袋	饭	齿	虑	睹

第 85 题

牧	童	遥	指	杏	花	村
豕	颜	相	手	脸	好	夫
听	鹤	呼	画	桃	月	野
经	发	应	脚	腮	圆	老

第 86 题

一	二	三	四	五	六	七	八	九	十	百	千	万
日	三	长	通	湖	神	手	面	牛	拿	发	方	事
千	其	两	八	四	无	八	威	一	九	百	百	大
里	德	短	达	海	主	脚	风	毛	稳	中	计	吉

第 87 题

一	二	三	四	五	六	七	八	九	十	百	千	万
干	姓	思	海	体	根	情	拜	死	年	无	辛	紫
二	之	而	为	投	清	六	之	不	寒	一	万	千
净	好	行	家	地	净	欲	交	悔	窗	失	苦	红

第 88 题

中级练习

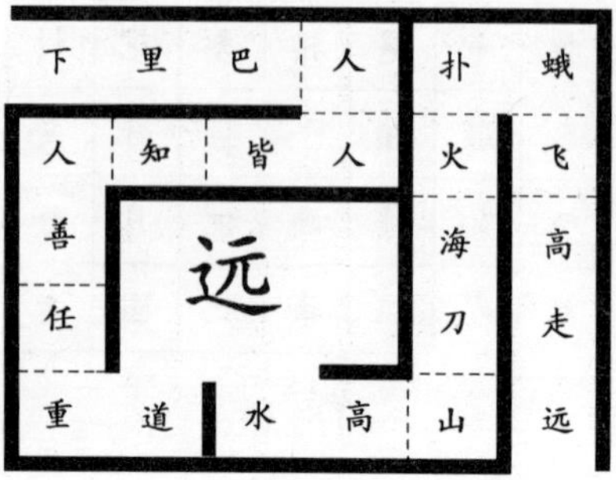

第 1 题

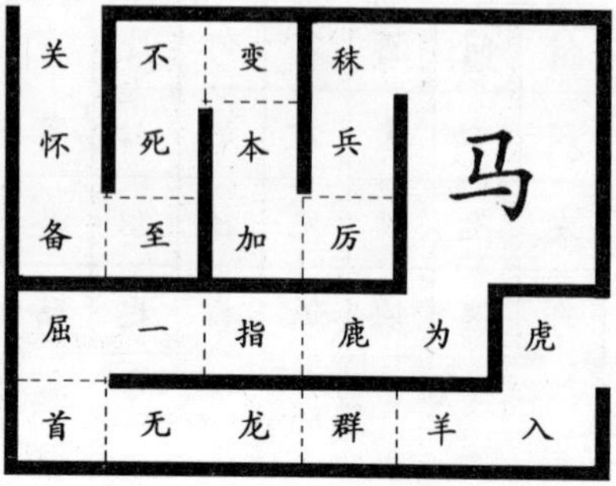

第 2 题

第 3 题

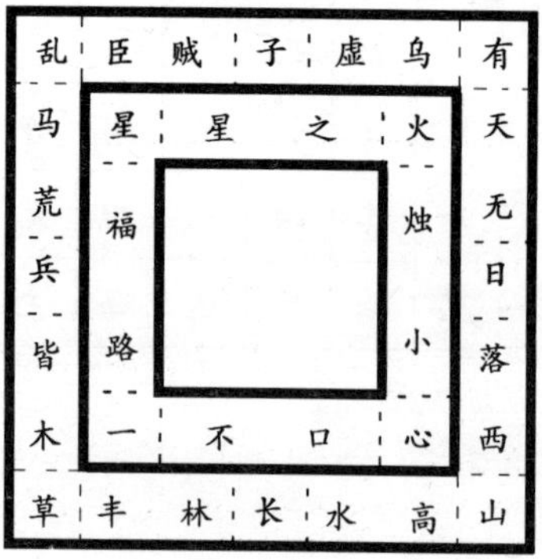

第 4 题

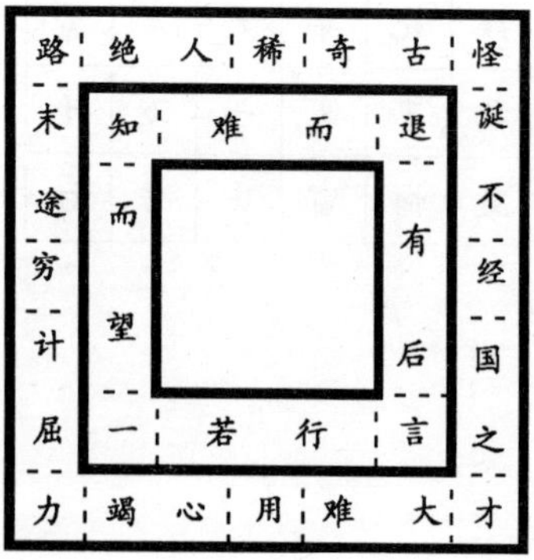

第 5 题

第 6 题

礼	薄	此	厚	地	渠	到
尚	彼	盈	尺	高	成	水
往	竭	我	之	天	事	恶
来	木	三	地	胜	在	山
日	入	分	入	定	人	穷
方	直	秒	天	上	居	来
长	驱	必	争	先	恐	后

第 7 题

前	所	未	气	静	心	平
无	口	有	象	万	千	山
心	如	止	近	易	水	万
天	朝	水	人	平	涨	船
伦	火	深	惘	太	抬	高
之	热	火	天	下	贵	手
乐	极	生	悲	天	通	眼

第 8 题

生	龙	活	虎	入	羊	群
里	下	临	高	鹿	指	龙
巴	成	不	居	为	一	无
人	功	成	到	马	屈	首
人	皆	知	人	善	任	重
扑	蛾	飞	高	走	远	道
火	海	刀	山	高	水	长

第 9 题

山	穷	水	尽	善	尽	美
往	继	梁	上	秋	穿	中
开	为	不	在	水	望	不
来	乎	正	高	阔	瞻	足
日	难	视	高	山	所	食
方	知	绳	庭	大	众	足
长	易	行	广	将	多	兵

第 10 题

海	人	海	凭	伤	容	省
底	之	阔	空	天	光	方
捞	常	天	捏	害	焕	观
月	情	空	造	理	发	民
下	深	口	谣	所	人	不
老	似	无	中	不	深	聊
人	海	凭	伤	容	省	生

第 11 题

骇	起	景	日	北	天	治
人	死	星	薄	道	长	国
听	回	庆	西	主	地	安
闻	生	云	山	人	久	民
声	情	开	南	定	安	般
而	见	见	海	胜	长	国
起	景	日	北	天	治	富

第 12 题

胡	人	泣	下	指	功	万
言	心	不	逐	鹿	败	念
乱	所	成	客	为	垂	俱
语	向	声	令	马	成	灰
不	隅	泪	人	到	千	心
惊	而	俱	发	成	上	丧
人	泣	下	指	功	万	气

第 13 题

虎	掉	傲	思	人	地	记
头	以	雪	前	才	大	忆
蛇	轻	凌	想	辈	物	犹
尾	心	霜	后	出	博	新
大	高	露	发	人	闻	来
不	气	之	制	头	强	乍
掉	傲	思	人	地	记	到

第 14 题

后	合	合	泥	泥	山	山
悔	离	浦	如	塑	刀	高
不	欢	还	醉	木	树	水
及	悲	珠	烂	雕	剑	低
时	生	沉	石	虫	求	三
行	极	沧	枯	篆	舟	下
乐	乐	海	海	刻	刻	四

第 15 题

后	食	食	呼	呼	水	水
起	忘	不	大	风	如	火
之	寝	充	声	唤	光	无
秀	废	口	疾	雨	月	情
外	而	若	之	过	秋	深
惠	途	悬	鱼	天	云	似
中	中	河	河	晴	晴	海

第 16 题

洪	眼	眼	岁	岁	石	石
水	苦	明	百	月	投	火
猛	眉	手	命	如	井	电
兽	愁	快	长	流	下	光
聚	消	人	心	芳	日	明
鸟	闷	快	重	百	风	正
散	散	语	语	世	世	大

第 17 题

后	求	求	长	长	跃	跃
顾	以	全	方	治	虎	然
之	寐	责	日	久	腾	纸
忧	梦	备	来	安	龙	上
能	如	尝	甘	步	马	下
伤	生	辛	尽	当	水	一
人	人	苦	苦	车	车	心

第 18 题

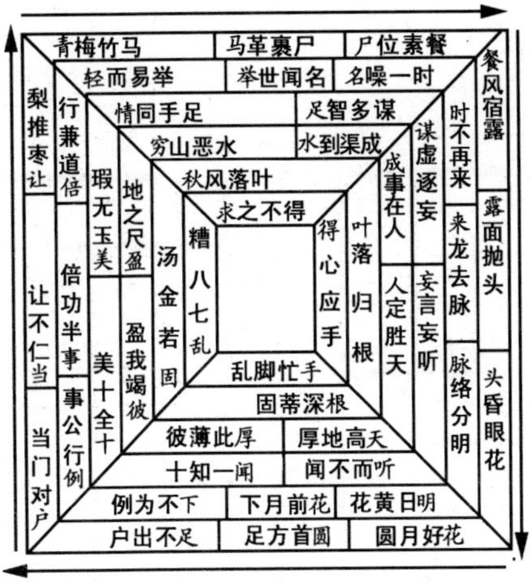
青梅竹马
马革裹尸
尸位素餐
餐风宿露
露面抛头
头昏眼花
花黄日明
圆月好花
足方首圆
户出不足
当门对户
让不仁当
梨推枣让
轻而易举
举世闻名
名噪一时
时不再来
来龙去脉
脉络分明
下月前花
例为不下
事公行例
倍功半事
行兼道倍
情同手足
足智多谋
谋虚逐妄
妄言妄听
厚地高天
十知一闻
闻不而听
美十全十
瑕无玉美
穷山恶水
水到渠成
成事在人
人定胜天
彼薄此厚
盈我竭彼
地之尺盈
秋风落叶
叶落归根
固蒂深根
汤金若固
求之不得
得心应手
乱脚忙手
糟八七乱

第 19 题

第 20 题

高级练习

平	万	千	暝	目	连	三
心	象	山	不	不	二	心
静	气	万	死	暇	接	二
手	贵	水	病	老	生	意
眼	抬	涨	情	急	智	气
通	高	船	常	之	人	风
天	下	太	平	易	近	发

第 1 题

一	字	千	金	枝	笔	成
法	知	采	神	玉	下	章
犯	而	飞	精	叶	门	台
法	想	扬	马	公	汾	杨
不	可	眉	龙	好	河	柳
容	小	吐	气	吞	山	暗
情	同	非	是	辨	明	花

第 2 题

前	所	未	穴	来	风	流
无	口	有	空	天	阔	人
心	惘	人	山	人	海	物
如	天	之	伦	移	星	换
止	悲	乐	天	有	言	之
水	生	极	朝	足	讳	有
深	火	热	火	无	可	理

第 3 题

后	来	居	上	套	生	民
利	地	入	天	硬	搬	计
人	用	事	在	人	为	国
和	气	里	表	师	人	之
盘	意	如	一	穷	二	府
托	不	老	偕	头	白	天
出	其	羞	成	怒	气	冲

第 4 题

第 5 题

第 6 题

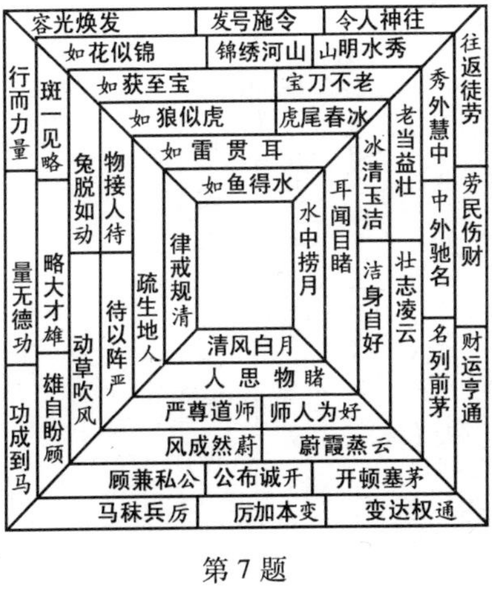

第 7 题

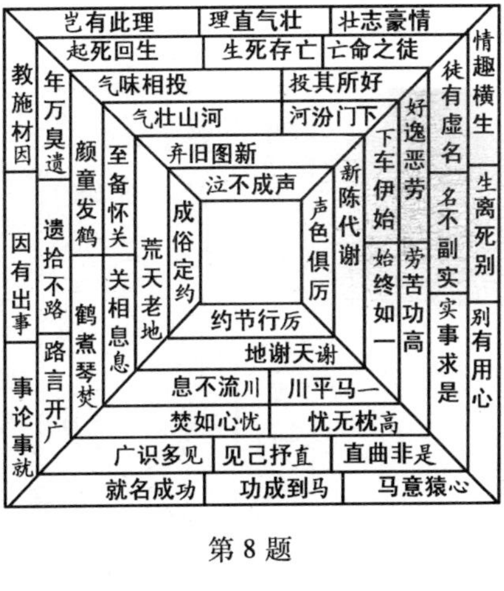

第 8 题

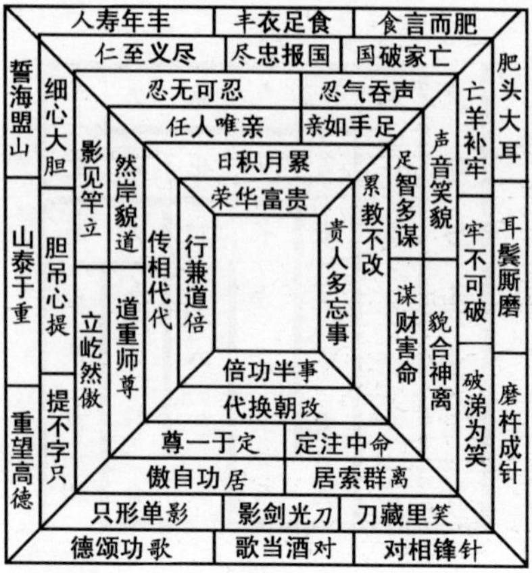

第 9 题

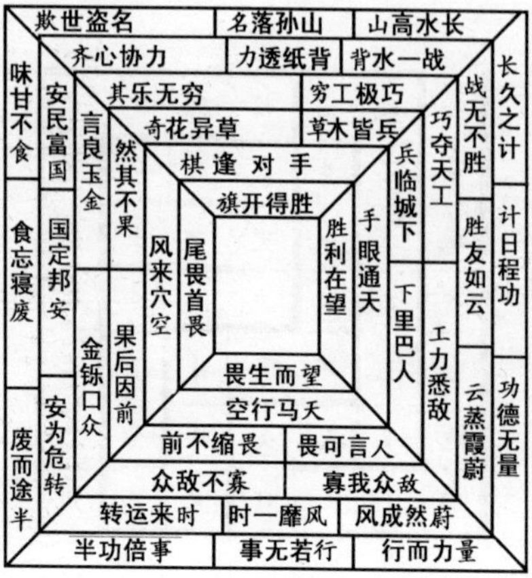

第 10 题

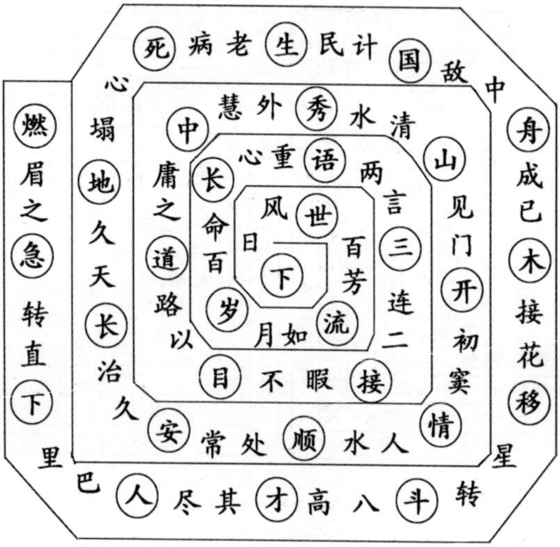

第 11 题